AF287630

Herstellung und Verlag:
BoD - Books on Demand, Norderstedt

©Copyright 2016 Elke Selke
ISBN 9783842357884

Bibliografische Information der Deutschen Nationalbibliothek
Die Deutsche Nationalbibliothek verzeichnet diese Publikation in der
Deutschen Nationalbibliografie; detaillierte bibliografische Daten sind im
Internet über www.dnb.de abrufbar.

Elke Selke

Kleine Puppen Häkeln

Fotografie und Grafik: Karsten Selke

Inhalt

Liebe Leserinnen und Leser,

13 kleine Häkelpuppen warten darauf, von Ihnen nachgearbeitet zu werden. Das geht schneller als man denkt und ist auch gar nicht so schwer. Ruck zuck ist ein kleines Geschenk fertig. Oder wollen Sie die die Püppchen doch lieber selbst behalten?

Alle Puppen sind nach einer ähnlichen Grundanleitung gefertigt. Wenn Sie ein Modell gehäkelt haben, sind die anderen ein Kinderspiel.

Sie benötigen nur sehr wenig Material. Falls sich bei Ihnen - wie bei Handarbeiter/innen so üblich - ein Vorrat aus bunten Wollresten angesammelt hat, dann sind die Häkelpüppchen eine gute Möglichkeit, diesen zu verkleinern.

Ich wünsche Ihnen viel Spaß und viel Erfolg beim Häkeln!

Elke Selke

Bevor Sie beginnen

Das Material:
Sie können die Puppen aus unterschiedlichen Materialien häkeln. Ich habe Merinowolle mit einer Lauflänge von 160 m/ 50 g verwendet. Wenn Sie dickeres Garn verarbeiten, werden Ihre Püppchen ein bisschen größer, wenn Sie feinere Wolle nehmen, werden Ihre Püppchen etwas kleiner. Wenn Sie Wollreste verarbeiten, ist es wichtig, dass diese etwa die gleiche Lauflänge haben und aus ähnlichen Materialien bestehen.

Die Füllwatte:
Zum Stopfen habe ich waschbare Füllwatte verwendet. Diese erhalten Sie in verschiedenen Packungsgrößen im Bastel-Laden oder im Internet.

Die Augen:
Ich habe Glasaugen verwendet. Wenn ein Püppchen als Spielzeug für ein kleines Kind gedacht ist, empfehle ich, aus Sicherheitsgründen auf den Einsatz von Glasaugen zu verzichten. Stattdessen können Sie mit schwarzem Garn die Augen aufsticken.

Das Werkzeug:
Jeder Handwerker wird es bestätigen – um gute Produkte herzustellen, benötigt man gutes Werkzeug. Eine Häkelnadel, deren Haken nicht gut ausgearbeitet ist, verhakt sich beim Häkeln. Schnell verliert man dann die Lust und legt die Häkelarbeit in die Ecke. Benutzen Sie eine Häkelnadel in guter Qualität, dann macht die Handarbeit Spaß und Sie erhalten das gewünschte Ergebnis.   Weiterhin benötigen Sie eine Schere und eine Sticknadel ohne Spitze.

Das Häkeln:
Es sind ganz nur wenige Maschenarten, die bei den Püppchen zum Einsatz kommen: Luftmaschen, feste Maschen, Kettmaschen, Stäbchen und halbe Stäbchen

<u>Abkürzungen:</u>

M	Masche/n
LM	Luftmasche/n
fM	feste Masche/n
KM	Kettmasche/n
Stb	Stäbchen
hStb	halbes Stäbchen
Rd	Runde/n
R	Reihe/n
VorRd	Vorrunde/n
VorR	Vorreihe/n
LL	Lauflänge

<u>Grundlagen für die Anfertigung der Häkelpuppen:</u>

Alle Modelle des Buches sind nach einer fast identischen Grundanleitung gearbeitet. Wenn Sie diese Grundanleitung beherrschen, können Sie nicht nur die vorgestellten Modelle nacharbeiten, Sie können dann ganz einfach eigene Modelle entwerfen.

Befestigen der Haare

1. Fransenfrisur

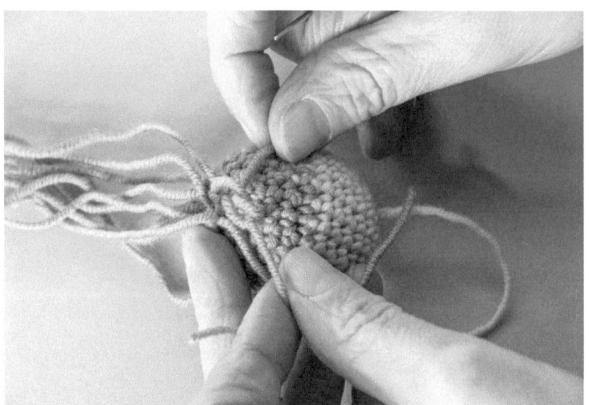

Knoten Sie 6 Fäden in die obere Kopfmitte.

Schneiden Sie die Fäden auf eine Länge von 1 cm ab.

Diese Frisur wird bei dem kleinen Jungen verwendet.

2. Frisur mit glatten Haaren

Knoten Sie zwölf 10 cm lange Fäden in die Kopfmitte. Fädeln Sie die 24 Fadenenden nun durch jeweils eine Masche der ersten Rd des Haaransatzes.

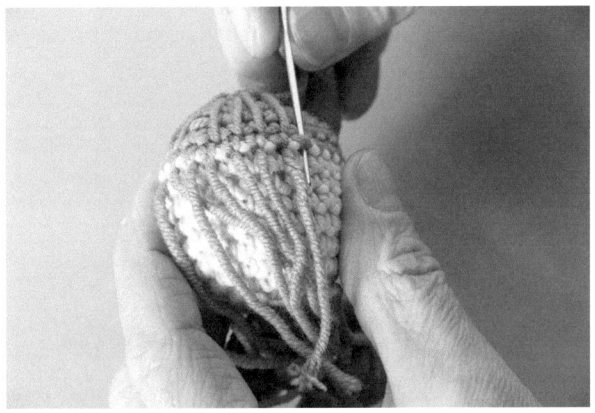

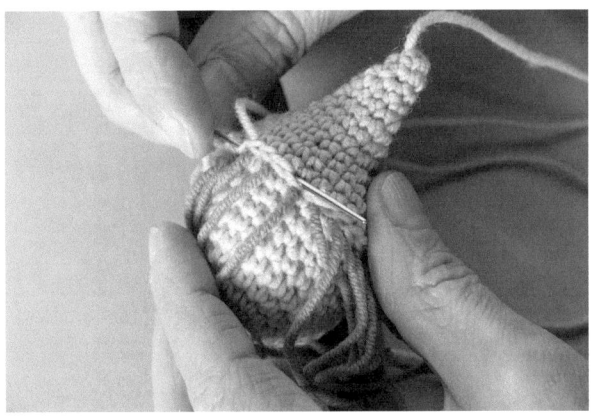

Befestigen Sie den Hut (bzw. ein Stirnband) und schneiden Sie die Fäden je nach Wunsch ab.

Diese Frisur findet Verwendung beim Koch, beim Indianer, beim Jungen mit der Pudelmütze, beim Clown und beim Schornsteinfeger.

Am Beispiel des Weihnachtsmanns wird nun die Grundanleitung mit Bildern Schritt für Schritt erläutert.

Der Weihnachtsmann

Größe mit Mütze: 21 cm

Material:
10 g Merinowolle (LL 160 m/ 50 g) puder – Farbe 1
20 g Merinowolle (LL 160 m/ 50 g) rot – Farbe 2
5 g Merinowolle (LL 160 m/ 50 g) schwarz – Farbe 3
5 g Fransenwolle
1 m rote Wolle
2 Glasaugen schwarz Durchmesser 5 mm
15 g Füllwatte
Häkelnadel Stärke 2,5
Sticknadel ohne Spitze

Anleitung
Für den Weihnachtsmann werden folgende Teile gehäkelt:
Kopf
2 Schuhe
2 Hände
Körper-Oberteil
Körper-Unterteil
Bart
Mütze

Der Kopf:
Der Kopf wird als Kugel gearbeitet. Er wird in Runden gehäkelt.
1. Rd: Häkeln Sie 6 fM mit Garn in Farbe 1 in einen Fadenring.
2. Rd: Häkeln Sie je 2 fM in jede Masche der VorRd. Markieren Sie den Beginn der Rd mit einem bunten Faden
3. bis 4. Rd: Es wird in Rd weiter gehäkelt, dabei an 6 gleichmäßig verteilten Stellen je 2 fM in eine Einstichstelle arbeiten. In der 4. Rd haben Sie 24 fM. Von der 5. bis zur 11. Rd ohne weitere Zunahmen häkeln.
Von der 12. Rd bis zur 14. Rd an 6 gleichmäßig verteilten Stellen je eine Masche überspringen. Beginnen Sie, den Kopf mit Füllwatte zu füllen.
In der 15. Rd bleiben 6 fM übrig, diese mit einem Faden zusammenziehen.

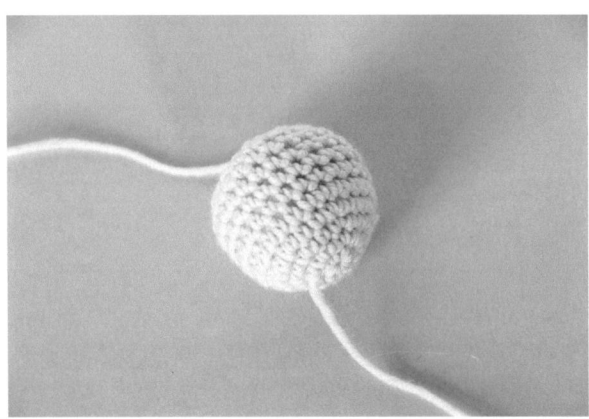

Die Hände:

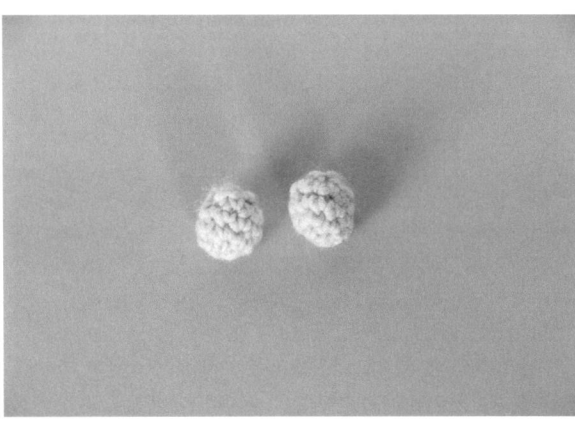

1. Rd: Häkeln Sie 5 fM mit Garn in Farbe 1 in einen Fadenring.
2. Rd: Je 2 fM werden in jede fM der VorRd gehäkelt. Sie erhalten 10 fM in dieser Rd.
3. bis 5. Rd: Ohne weitere Zunahmen häkeln.
6. Rd: fM arbeiten, jede zweite M überspringen. Arbeit mit KM beenden. Häkeln Sie eine weitere Hand nach gleichem Muster. Füllen Sie die Hände mit wenig Füllwatte.

Die Mütze:

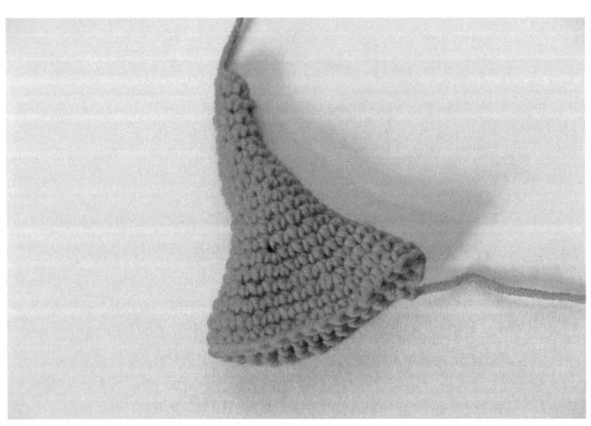

1. Rd: Häkeln Sie 5 fM mit Garn in Farbe 2 in einen Fadenring.
2. bis 14. Rd: Häkeln Sie weiter fM in Rd, dabei fortlaufend in jede 9. Masche jeweils 2 fM häkeln. 15. bis 18. Rd: Häkeln Sie weiter fM in Rd, dabei fortlaufend in jede 6. Masche jeweils 2 fM häkeln. 19. bis 20. Rd: Ohne Zunahmen häkeln, Arbeit mit einer KM abschließen.

Die Schuhe:
1. Rd: Häkeln Sie 7 fM mit Garn in Farbe 3 in einen Fadenring.
2. Rd: Häkeln Sie je 2 fM in jede Masche der VorRd.
3. bis 5. Rd: Ohne weitere Zunahmen häkeln.
6. Rd. fM häkeln, dabei jede dritte Masche überspringen.
7. Rd: fM häkeln, Arbeit mit einer KM abschließen. Den zweiten Schuh ebenso arbeiten. Schuhe mit Füllwatte füllen.

Der Körper:
1. Rd: Häkeln Sie 6 fM mit Garn in Farbe 2 in einen Fadenring.
2. Rd: Häkeln Sie je 2 fM in jede Masche der VorRd. Markieren Sie den Beginn der Rd mit einem bunten Faden.
3. bis 12. Rd: Es wird in Rd weiter gehäkelt, dabei an 6 gleichmäßig verteilten Stellen je 2 fM in eine Einstichstelle arbeiten. In der 12. Rd haben Sie dann 72 fM. Das Körper-Oberteil entspricht nun einem Sechseck.

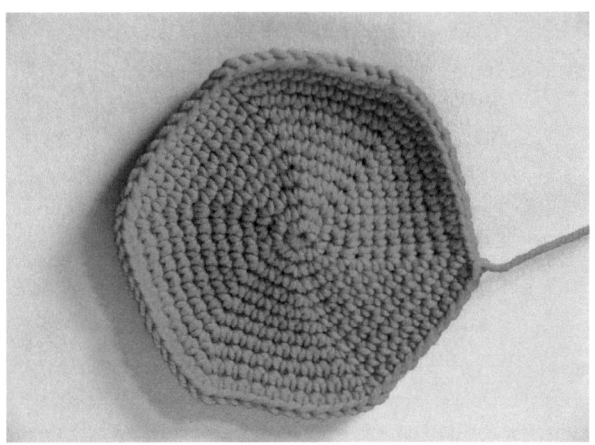
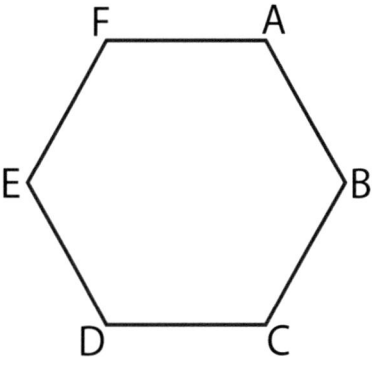

Zum Anhäkeln des Unterteils legen Sie Punkt F auf Punkt D sowie Punkt A auf Punkt C.

13. Rd: Häkeln Sie von A bis F fM in die 12. Rd des Oberteils wobei jeweils in den hinteren Teil der fM der VorRd eingestochen wird. Die letzte fM verbindet die Punkte F und D. Weiter fM bis Punkt C häkeln, ebenso in das hintere Maschen-glied der VorRd einstechen. C und A durch eine fM verbinden. Es ist eine Rd entstanden. 14. bis 15. Rd: Zwei weitere fM arbeiten. Die Rd enthält 22 M.

16. Rd: In dieser Rd wird die Arbeit zur Bildung der Hosenbeine in zwei Teile geteilt. Häkeln Sie von F aus 6 fM. Wenden Sie die Arbeit und häkeln Sie auf der anderen Seite von der Mitte bis zum Punkt D weitere 6 fM. Eine Rd aus 12 fM ist entstanden. Häkeln Sie 8 Rd für das erste Hosenbein.

17. Rd: Häkeln Sie nun das zweite Hosenbein, beginnen Sie in der Mitte zwischen A und F. Häkeln Sie 6 fM in Richtung A und weitere 6 fM auf der anderen Seite. Schließen Sie die Rd. Häkeln Sie weitere acht Rd und schließen Sie die Arbeit mit einer KM ab.

Füllen Sie den Körper und die beiden Beine mit Füllwatte.

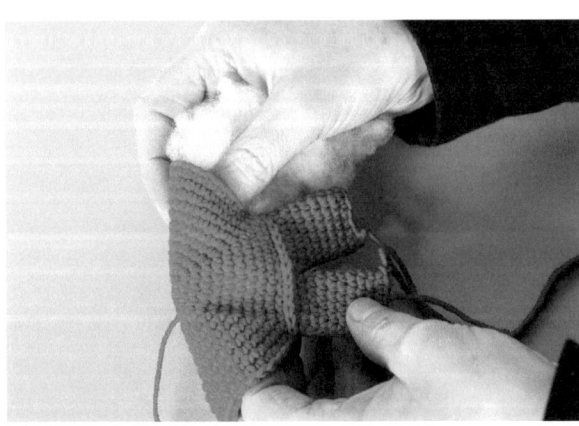

Legen Sie nun die Punkte B und E jeweils auf die Punkte A/C bzw. F/D und nähen die so entstehenden Ärmel mit verdeckten Stichen zusammen.

Die mit Füllwatte gefüllten Schuhe werden an die Hosenbeine genäht. Verwenden Sie Garn in Farbe der Hosenbeine.

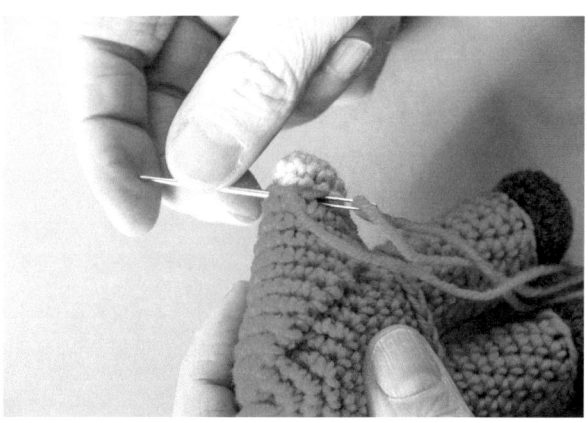

Füllen Sie auch die Ärmel leicht mit Füllwatte. Die mit Füllwatte gefüllten Hände werden nun an die Ärmel genäht. Verwenden Sie dazu Garn in Farbe der Ärmel.

Der Bart:
1. R: Häkeln Sie mit dem Fransengarn 13 LM.
2. R bis 3. R: Arbeit mit einer WendeLM wenden und fM in die LM häkeln.

Mütze und Bart werden am Kopf festgenäht.

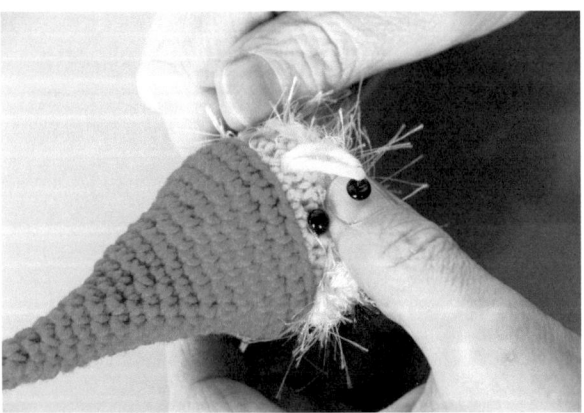

Nun wird die Nase aufgestickt und die Augen werden befestigt.

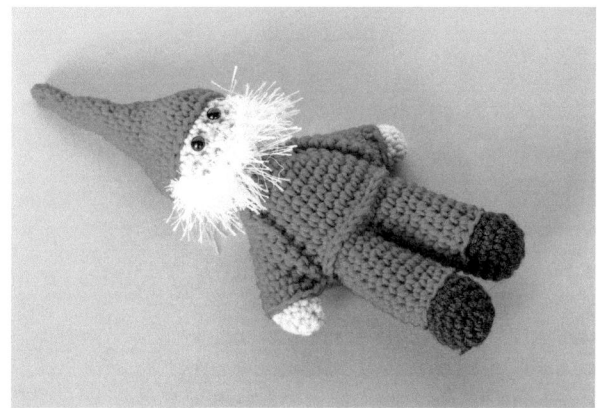

Der Kopf wird an den Körper genäht und der Weihnachtsmann ist fertig.

Auf den kommenden Seiten sehen Sie, wie man allein durch Farbvariationen ein ganz neues Modell erhält. Der kleine Zwerg ist nach der gleichen Anleitung wie der Weihnachtsmann gehäkelt.
Lassen Sie sich von der Farbvielfalt der Wolle inspirieren, verwenden Sie Ihre Lieblingsfarben und erschaffen Sie Ihr eigenes Lieblingsmodell!

Der Zwerg

Größe mit Mütze: 21 cm

Material:
10 g Merinowolle (LL 160 m/ 50 g) puder – Farbe 1
10 g Merinowolle (LL 160 m/ 50 g) blau – Farbe 2
10 g Merinowolle (LL 160 m/ 50 g) hellgrau – Farbe 3
10 g Merinowolle (LL 160 m/ 50 g) pink – Farbe 4
5 g Merinowolle (LL 160 m/ 50 g) schwarz – Farbe 5
5 g Fransenwolle
0,50 m rote Wolle
2 Glasaugen schwarz Durchmesser 5 mm
15 g Füllwatte
Häkelnadel Stärke 2,5
Sticknadel ohne Spitze

Anleitung:
Der Zwerg wird genau wie der Weihnachtsmann gehäkelt. Allein die Farben
machen den Unterschied.
Für den Zwerg werden folgende Teile gehäkelt:
Kopf
2 Schuhe
2 Hände
Körper-Oberteil
Körper-Unterteil
Bart
Mütze

Der Kopf:
Der Kopf wird als Kugel gearbeitet. Er wird in Runden gehäkelt.
1. Rd: Häkeln Sie 6 fM mit Garn in Farbe 1 in einen Fadenring.
2. Rd: Häkeln Sie je 2 fM in jede Masche der VorRd. Markieren Sie den
Beginn der Rd mit einem bunten Faden.
3. bis 4. Rd: Es wird in Rd weiter gehäkelt, dabei an 6 gleichmäßig verteilten
Stellen je 2 fM in eine Einstichstelle arbeiten. In der 4. Rd haben Sie 24 fM.

Von der 5. bis zur 11. Rd ohne weitere Zunahmen häkeln.
Von der 12. Rd bis zur 14. Rd an 6 gleichmäßig verteilten Stellen je eine Masche überspringen. Beginnen Sie, den Kopf mit Füllwatte zu füllen.
In der 15. Rd bleiben 6 fM übrig, diese mit einem Faden zusammenziehen.

Die Hände:
1. Rd: Häkeln Sie 5 fM mit Garn in Farbe 1 in einen Fadenring.
2. Rd: Je 2 fM werden in jede fM der VorRd gehäkelt. Sie erhalten 10 fM in dieser Rd.
3. bis 5. Rd: Ohne weitere Zunahmen häkeln.
6. Rd: fM arbeiten, jede zweite M überspringen. Arbeit mit KM beenden.
Häkeln Sie eine weitere Hand nach gleichem Muster. Füllen Sie die Hände mit wenig Füllwatte.

Die Schuhe:
1. Rd: Häkeln Sie 7 fM mit Garn in Farbe 5 in einen Fadenring.
2. Rd: Häkeln Sie je 2 fM in jede Masche der VorRd.
3. bis 5. Rd: Ohne weitere Zunahmen häkeln.
6. Rd. fM häkeln, dabei jede dritte Masche überspringen.
7. Rd: fM häkeln, Arbeit mit einer KM abschließen
Den zweiten Schuh ebenso arbeiten. Schuhe mit Füllwatte füllen.

Die Mütze:
1. Rd: Häkeln Sie 5 fM mit Garn in Farbe 4 in einen Fadenring.
2. bis 14. Rd: Häkeln Sie weiter fM in Rd, dabei fortlaufend in jede 9. Masche jeweils 2 fM häkeln.
15. bis 18. Rd: Häkeln Sie weiter fM in Rd, dabei fortlaufend in jede 6. Masche jeweils 2 fM häkeln.
19. bis 20. Rd: ohne Zunahmen häkeln, Arbeit mit einer KM abschließen.

Der Körper:
(Beachten Sie beim Häkeln des Körpers die Fotoanleitung auf den S. 15-17)
1. Rd: Häkeln Sie 6 fM mit Garn in Farbe 2 in einen Fadenring.
2. Rd: Häkeln Sie je 2 fM in jede Masche der VorRd. Markieren Sie den Beginn der Rd mit einem bunten Faden.
3. bis 12. Rd: Es wird in Rd weiter gehäkelt, dabei an 6 gleichmäßig verteiltenStellen je 2 fM in eine Einstichstelle arbeiten. In der 12. Rd haben Sie dann 72 fM. Das Körper-Oberteil entspricht nun einem Sechseck. Zum

Anhäkeln des Unterteils legen Sie Punkt F auf Punkt D sowie Punkt A auf Punkt C.

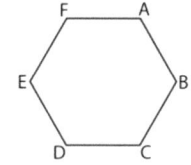

13. Rd: Häkeln Sie von A bis F fM in die 12. Rd des Oberteils wobei jeweils in den hinteren Teil der fM der VorRd eingestochen wird. Die letzte fM verbindet die Punkte F und D. Weiter fM bis Punkt C häkeln, ebenso in das hintere Maschenglied der VorRd einstechen. C und A durch eine fM verbinden. Es ist eine Rd entstanden.

14. bis 15. Rd: Jetzt wird mit Garn in Farbe 3 weitergearbeitet. Zwei weitere Rd fM arbeiten. Jede Rd enthält 22 M.

16. Rd: In dieser Rd wird die Arbeit zur Herausbildung der Hosenbeine in zwei Teile geteilt. Häkeln Sie von F aus 6 fM. Wenden Sie die Arbeit und häkeln Sie auf der anderen Seite von der Mitte bis zum Punkt D weitere 6 fM. Eine Rd aus 12 fM ist entstanden. Häkeln Sie 8 Rd für das erste Hosenbein.

17. Rd: Häkeln Sie nun das zweite Hosenbein. Dazu wird in der Mitte zwischen A und F begonnen. Häkeln Sie 6 fM in Richtung A und weitere 6 fM auf der anderen Seite . Schließen Sie die Rd. Häkeln Sie weitere acht Rd und schließen Sie die Arbeit mit einer KM ab.

Füllen Sie den Körper und die beiden Beine mit Füllwatte.

Legen Sie nun die Punkte B und E jeweils auf die Punkte A/C bzw. F/D und nähen die so entstehenden Ärmel mit verdeckten Stichen zusammen. Füllen Sie auch die Ärmel leicht mit Füllwatte. Die mit Füllwatte gefüllten Hände werden nun an die Ärmel genäht. Verwenden Sie dazu Garn in Farbe der Ärmel. Die mit Füllwatte gefüllten Schuhe werden an die Hosenbeine genäht. Verwenden Sie Garn in Farbe der Hosenbeine.

Der Bart:
1. R: Häkeln Sie mit dem Fransengarn 13 LM.
2. R - 3. R: Arbeit mit einer WendeLM wenden und fM in die LM häkeln.

Mütze und Bart werden am Kopf festgenäht.
Nun wird die Nase aufgestickt und die Augen befestigt.
Der Kopf wird an den Körper genäht und der Zwerg ist fertig.

Ein kleiner Clown

Größe mit Hut: 18 cm

Material:
10 g Merinowolle (LL 160 m/ 50 g) puder – Farbe 1
10 g Merinowolle (LL 160 m/ 50 g) hellblau – Farbe 2
10 g Merinowolle (LL 160 m/ 50 g) mittelblau – Farbe 3
10 g Merinowolle (LL 160 m/ 50 g) gelb – Farbe 4
5 g Merinowolle (LL 160 m/ 50 g) rost – Farbe 5
5 g Merinowolle (LL 160 m/ 50 g) weinrot – Farbe 6
5 g Merinowolle (LL 160 m/ 50 g) schwarz – Farbe 7
1 m rote Wolle
2 Glasaugen schwarz Durchmesser 5 mm
15 g Füllwatte
Häkelnadel Stärke 2,5
Sticknadel ohne Spitze

Anleitung .
Für den Clown werden folgende Teile gehäkelt:
Kopf
2 Schuhe
2 Hände
Körper-Oberteil
Körper-Unterteil
Hut
2 Knöpfe

Der Kopf:
Der Kopf wird als Kugel gearbeitet. Er wird in Runden gehäkelt.
1. Rd: Häkeln Sie 6 fM mit Garn in Farbe 1 in einen Fadenring.
2. Rd: Häkeln Sie je 2 fM in jede Masche der VorRd. Markieren Sie den Beginn der Rd mit einem bunten Faden.
3. bis 4. Rd: Es wird in Rd weiter gehäkelt, dabei an 6 gleichmäßig verteilten Stellen je 2 fM in eine Einstichstelle arbeiten. In der 4. Rd haben Sie 24 fM. Von der 5. bis zur 11. Rd ohne weitere Zunahmen häkeln.

Von der 12. Rd bis zur 14. Rd an 6 gleichmäßig verteilten Stellen je eine Masche überspringen. Beginnen Sie, den Kopf mit Füllwatte zu füllen.
In der 15. Rd bleiben 6 fM übrig, diese mit einem Faden zusammenziehen.

Die Hände:
1. Rd: Häkeln Sie 5 fM mit Garn in Farbe 1 in einen Fadenring.
2. Rd: Je 2 fM werden in jede fM der VorRd gehäkelt. Sie erhalten 10 fM.
3. bis 5. Rd: Ohne weitere Zunahmen häkeln.
6. Rd: fM arbeiten, jede zweite M überspringen. Arbeit mit KM beenden.
Häkeln Sie eine weitere Hand nach gleichem Muster. Füllen Sie die Hände mit wenig Füllwatte.

Die Schuhe:
1. Rd: Häkeln Sie 7 fM mit Garn in Farbe 7 in einen Fadenring.
2. Rd: Häkeln Sie je 2 fM in jede Masche der VorRd.
3. bis 5. Rd: Ohne weitere Zunahmen häkeln.
6. Rd. fM häkeln, dabei jede dritte Masche überspringen.
7. Rd: fM häkeln, Arbeit mit einer KM abschließen
Den zweiten Schuh ebenso arbeiten. Schuhe mit Füllwatte füllen.

Der Hut:
1. Rd: Häkeln Sie 6 fM mit Garn in Farbe 2 in einen Fadenring.
2. bis 11. Rd: Häkeln Sie weiter fM in Rd, dabei fortlaufend in jede 5. Masche jeweils 2 fM häkeln. So erhält der Hut seine Form.
12. Rd: ohne Zunahmen häkeln, Arbeit mit KM abschließen.

Der Körper:
(Beachten Sie beim Häkeln des Körpers die Fotoanleitung auf den S. 15-17)
1. Rd: Häkeln Sie 6 fM mit Garn in Farbe 3 in einen Fadenring.
2. Rd: Häkeln Sie je 2 fM in jede Masche der VorRd. Markieren Sie den Beginn der Rd mit einem bunten Faden.
3. bis 12. Rd: Es wird in Rd weiter gehäkelt, dabei an 6 gleichmäßig verteilten Stellen je 2 fM in eine Einstichstelle arbeiten. In der 12. Rd haben Sie dann 72 fM. Das Körper-Oberteil entspricht nun einem Sechseck. Zum Anhäkeln des Unterteils legen Sie Punkt F auf Punkt D sowie Punkt A auf Punkt C.
13. Rd: Häkeln Sie von A bis F fM in die 12. Rd des Oberteils wobei jeweils in den hinteren Teil der fM der VorRd

eingestochen wird. Die letzte fM verbindet die Punkte F und D. Weiter fM bis Punkt C häkeln, ebenso in das hintere Maschenglied der VorRd einstechen. C und A durch eine fM verbinden. Es ist eine Rd entstanden.

14. bis 15. Rd: Jetzt wird mit Garn in Farbe 4 weitergearbeitet. Zwei weitere Rd fM arbeiten. Jede Rd enthält 22 M.

16. Rd: In dieser Rd wird die Arbeit zur Herausbildung der Hosenbeine in zwei Teile geteilt. Häkeln Sie von F aus 6 fM. Wenden Sie die Arbeit und häkeln Sie auf der anderen Seite von der Mitte bis zum Punkt D weitere 6 fM. Eine Rd aus 12 fM ist entstanden. Häkeln Sie 8 Rd für das erste Hosenbein.

17. Rd: Häkeln Sie nun das zweite Hosenbein. Dazu wird in der Mitte zwischen A und F begonnen. Häkeln Sie 6 fM in Richtung A und weitere 6 fM auf der anderen Seite . Schließen Sie die Rd. Häkeln Sie weitere acht Rd und schließen Sie die Arbeit mit einer KM ab.

Füllen Sie den Körper und die beiden Beine mit Füllwatte.

Legen Sie nun die Punkte B und E jeweils auf die Punkte A/C bzw. F/D und nähen die so entstehenden Ärmel mit verdeckten Stichen zusammen.

Füllen Sie auch die Ärmel leicht mit Füllwatte. Die mit Füllwatte gefüllten Hände werden nun an die Ärmel genäht. Verwenden Sie dazu Garn in Farbe der Ärmel.

Die mit Füllwatte gefüllten Schuhe werden an die Hosenbeine genäht. Verwenden Sie Garn in Farbe der Hosenbeine.

Die Knöpfe:

1. Rd: Häkeln Sie mit Garn in Farbe 6 acht fM in einen Fadenring. Schließen Sie die Rd mit einer KM. Arbeiten Sie einen zweiten Knopf ebenso und nähen Sie beide Knöpfe in der Mitte des Oberteils an.

Die Haare:

24 Fäden mit einer Länge von jeweils 12 cm werden aus Garn in Farbe 5 zugeschnitten und in die Oberseite des Kopfes geknüpft. Die Haare werden gleichmäßig um den Kopf verteilt und der Hut wird an den Kopf genäht. (siehe Kapitel "Die Frisuren" zu Beginn des Buches)

Nun werden Nase und Mund aufgestickt und die Augen befestigt.

Der Kopf wird an den Körper genäht, die Haare werden geschnitten.

Der Junge

Größe: 16 cm

Material:
10 g Merinowolle (LL 160 m/ 50 g) puder – Farbe 1
10 g Merinowolle (LL 160 m/ 50 g) hellblau – Farbe 2
10 g Merinowolle (LL 160 m/ 50 g) dunkelblau – Farbe 3
10 g Merinowolle (LL 160 m/ 50 g) braun – Farbe 4
5 g Merinowolle (LL 160 m/ 50 g) hellbraun – Farbe 5
5 g Merinowolle (LL 160 m/ 50 g) weinrot – Farbe 6
1 m rote Wolle
2 Glasaugen schwarz Durchmesser 5 mm
15 g Füllwatte
Häkelnadel Stärke 2,5
Sticknadel ohne Spitze

Anleitung
Für den Jungen werden folgende Teile gehäkelt:
Kopf
2 Schuhe
2 Hände
Körper-Oberteil
Körper-Unterteil
Kragen

Der Kopf:
Der Kopf wird als Kugel gearbeitet. Er wird in Runden gehäkelt.
1. Rd: Häkeln Sie 6 fM mit Garn in Farbe 1 in einen Fadenring.
2. Rd: Häkeln Sie je 2 fM in jede Masche der VorRd. Markieren Sie den Beginn der Rd mit einem bunten Faden
3. bis 4. Rd: Es wird in Rd weiter gehäkelt, dabei an 6 gleichmäßig verteilten Stellen je 2 fM in eine Einstichstelle arbeiten. In der 4. Rd haben Sie 24 fM. Von der 5. bis zur 11. Rd ohne weitere Zunahmen häkeln. Ab der 11. Rd mit Farbe 5 weiterarbeiten.

Von der 12. Rd bis zur 14. Rd an 6 gleichmäßig verteilten Stellen je eine Masche überspringen. Beginnen Sie, den Kopf mit Füllwatte zu füllen.
In der 15. Rd bleiben 6 fM übrig, diese zusammenziehen.

Die Hände:
1. Rd: Häkeln Sie 5 fM mit Garn in Farbe 1 in einen Fadenring.
2. Rd: Je 2 fM werden in jede fM der VorRd gehäkelt. Sie erhalten 10 fM in dieser Rd.
3. bis 5. Rd: Ohne weitere Zunahmen häkeln.
6. Rd: fM arbeiten, jede zweite M überspringen. Arbeit mit KM beenden.
Häkeln Sie eine weitere Hand nach gleichem Muster. Füllen Sie die Hände mit wenig Füllwatte.

Die Schuhe:
1. Rd: Häkeln Sie 7 fM mit Garn in Farbe 4 in einen Fadenring.
2. Rd: Häkeln Sie je 2 fM in jede Masche der VorRd.
3. bis 5. Rd: Ohne weitere Zunahmen häkeln.
6. Rd. fM häkeln, dabei jede dritte Masche überspringen.
7. Rd: fM häkeln, Arbeit mit einer KM abschließen
Den zweiten Schuh ebenso arbeiten. Schuhe mit Füllwatte füllen.

Der Körper:
(Beachten Sie beim Häkeln des Körpers die Fotoanleitung auf den S. 15-17)
1. Rd: Häkeln Sie 6 fM mit Garn in Farbe 2 in einen Fadenring.
2. Rd: Häkeln Sie je 2 fM in jede Masche der VorRd. Markieren Sie den Beginn der Rd mit einem bunten Faden.
3. bis 12. Rd: Es wird in Rd weiter gehäkelt, dabei an 6 gleichmäßig verteilten Stellen je 2 fM in eine Einstichstelle arbeiten. In der 12. Rd haben Sie 72 fM.
Das Körper-Oberteil entspricht nun einem Sechseck. Zum Anhäkeln des Unterteils legen Sie Punkt F auf Punkt D sowie Punkt A auf Punkt C.
13. Rd: Häkeln Sie von A bis F fM in die 12. Rd des Oberteils wobei jeweils in den hinteren Teil der fM der VorRd eingestochen wird.

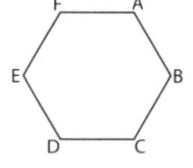

Die letzte fM verbindet die Punkte F und D. Weiter fM bis Punkt C häkeln, ebenso in das hintere Maschenglied der VorRd einstechen. C und A durch eine fM verbinden. Es ist eine Rd entstanden.

14. bis 15. Rd: Jetzt wird mit Garn in Farbe 3 weitergearbeitet. Zwei weitere Rd fM arbeiten. Jede Rd enthält 22 M.
16. Rd: In dieser Rd wird die Arbeit zur Herausbildung der Hosenbeine in zwei Teile geteilt. Häkeln Sie von F aus 6 fM. Wenden Sie die Arbeit und häkeln Sie auf der anderen Seite von der Mitte bis zum Punkt D weitere 6 fM. Eine Rd aus 12 fM ist entstanden.
Häkeln Sie 8 Rd für das erste Hosenbein.
17. Rd: Häkeln Sie nun das zweite Hosenbein. Dazu wird in der Mitte zwischen A und F begonnen. Häkeln Sie 6 fM in Richtung A und weitere 6 fM auf der anderen Seite . Schließen Sie die Rd. Häkeln Sie weitere acht Rd und schließen Sie die Arbeit mit einer KM ab.
Füllen Sie den Körper und die beiden Beine mit Füllwatte.
Legen Sie nun die Punkte B und E jeweils auf die Punkte A/C bzw. F/D und nähen die so entstehenden Ärmel mit verdeckten Stichen zusammen.
Füllen Sie auch die Ärmel leicht mit Füllwatte. Die mit Füllwatte gefüllten Hände werden nun an die Ärmel genäht. Verwenden Sie dazu Garn in Farbe der Ärmel.
Die mit Füllwatte gefüllten Schuhe werden an die Hosenbeine genäht. Verwenden Sie Garn in Farbe der Hosenbeine.

Der Kragen:
1. R: Häkeln Sie 10 LM und 1 Wende-LM mit Garn in Farbe 6.
2. R: Häkeln je 1 fM in jede LM.
Legen Sie den Kragen um den Hals und verbinden Sie Anfang und Ende.

Die Haare:
14 Fäden mit einer Länge von jeweils 8 cm werden aus Garn in Farbe 5 zugeschnitten und in die Oberseite des Kopfes geknotet. (siehe Kapitel "Die Frisuren" zu Beginn des Buches)
Nun werden Nase und Mund aufgestickt und die Augen befestigt.
Der Kopf wird an den Körper genäht.
Die Haare können nun gleichmäßig geschnitten werden.

Das Mädchen

Größe: 15 cm

Material:
10 g Merinowolle (LL 160 m/ 50 g) puder – Farbe 1
10 g Merinowolle (LL 160 m/ 50 g) weinrot – Farbe 2
10 g Merinowolle (LL 160 m/ 50 g) weiß – Farbe 3
5 g Merinowolle (LL 160 m/ 50 g) gelb – Farbe 4
2 m Merinowolle (LL 160 m/ 50 g) rot – Farbe 6
2 Glasaugen schwarz Durchmesser 5 mm
15 g Füllwatte
Häkelnadel Stärke 2,5
Sticknadel ohne Spitze

Anleitung
Für das Mädchen werden folgende Teile gehäkelt:
Kopf
2 Beine
2 Hände
Körper-Oberteil mit Höschen
Kragen
Rock

Der Kopf:
Der Kopf wird als Kugel gearbeitet. Er wird in Runden gehäkelt.
1. Rd: Häkeln Sie 6 fM mit Garn in Farbe 1 in einen Fadenring.
2. Rd: Häkeln Sie je 2 fM in jede Masche der VorRd. Markieren Sie den Beginn der Rd mit einem bunten Faden
3. bis 4. Rd: Es wird in Rd weiter gehäkelt, dabei an 6 gleichmäßig verteilten Stellen je 2 fM in eine Einstichstelle arbeiten. In der 4. Rd haben Sie 24 fM. Von der 5. bis zur 11. Rd ohne weitere Zunahmen häkeln. Ab Rd 11 wird Farbe 4 verwendet.
Von der 12. Rd bis zur 14. Rd an 6 gleichmäßig verteilten Stellen je eine Masche überspringen. Beginnen Sie, den Kopf mit Füllwatte zu füllen.
In der 15. Rd bleiben 6 fM übrig, diese mit einem Faden zusammenziehen.

Ziehen Sie links und rechts des Kopfes, am Haaransatz, je 5 etwa 10 cm lange Fäden durch eine M. Binden Sie Zöpfe mit einem roten Faden zusammen. Schneiden Sie die Zöpfe auf ca. 5 cm Länge ab.

Die Hände:
1. Rd: Häkeln Sie 5 fM mit Garn in Farbe 1 in einen Fadenring.
2. Rd: Je 2 fM werden in jede fM der VorRd gehäkelt. Sie erhalten 10 fM in dieser Rd.
3. bis 5. Rd: Ohne weitere Zunahmen häkeln.
6. Rd: fM arbeiten, jede zweite M überspringen. Arbeit mit KM beenden. Häkeln Sie eine weitere Hand nach gleichem Muster. Füllen Sie die Hände mit wenig Füllwatte.

Die Beine:
1. Rd: Häkeln Sie 7 fM mit Garn in Farbe 1 in einen Fadenring.
2. Rd: Häkeln Sie je 2 fM in jede Masche der VorRd.
3. bis 5. Rd: Ohne weitere Zunahmen häkeln.
6. Rd. fM häkeln, dabei die 6. und die 12. Masche überspringen. Sie erhalten 10 Maschen.
7. bis 15. Rd: fM häkeln.
Das zweite Bein ebenso arbeiten. Beine mit Füllwatte füllen.

Der Körper:
(Beachten Sie beim Häkeln des Körpers die Fotoanleitung auf den S. 15-17)
1. Rd: Häkeln Sie 6 fM mit Garn in Farbe 2 in einen Fadenring.
2. Rd: Häkeln Sie je 2 fM in jede Masche der VorRd. Markieren Sie den Beginn der Rd mit einem bunten Faden.
3. bis 12. Rd: Es wird in Rd weiter gehäkelt, dabei an 6 gleichmäßig verteilten Stellen je 2 fM in eine Einstichstelle arbeiten. In der 12. Rd haben Sie 72 fM.
Das Körper-Oberteil entspricht nun einem Sechseck. Zum Anhäkeln des Unterteils legen Sie Punkt F auf Punkt D sowie Punkt A auf Punkt C.

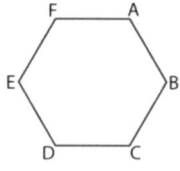

13. Rd: Ändern Sie die Richtung und häkeln Sie von A bis F fM in die 12. Rd des Oberteils wobei jeweils in den hinteren Teil der fM der VorRd eingestochen wird.

Die letzte fM verbindet die Punkte F und D. Weiter fM bis Punkt C häkeln, ebenso in das hintere Maschenglied der VorRd einstechen. C und A durch eine fM verbinden. Es ist eine Rd entstanden.

14. bis 15. Rd: Wieder wird die Häkelrichtung geändert. Zwei weitere Rd fM arbeiten. Jede Rd enthält 22 M.

16. Rd: In dieser Rd wird die Arbeit zur Herausbildung der Hosenbeine in zwei Teile geteilt. Häkeln Sie von F aus 6 fM. Wenden Sie die Arbeit und häkeln Sie auf der anderen Seite von der Mitte bis zum Punkt D weitere 6 fM. Eine Rd aus 12 fM ist entstanden.

17. Rd: Häkeln Sie nun das zweite Hosenbein. Dazu wird in der Mitte zwischen A und F begonnen. Häkeln Sie 6 fM in Richtung A und weitere 6 fM auf der anderen Seite. Schließen Sie die Rd.

Der Rock:
Häkeln Sie nun mit Garn in Farbe 3 fM in die Maschen der 12. Rd. Dabei in die 4., 7., 10., 13., 16., 20. M je 2 fM häkeln. Die Rd enthält nun 28 fM. 9 Rd fM ohne Zunahmen häkeln, die 8. Rd in Farbe 2. Der Rock ist fertig. Füllen Sie den Körper mit Füllwatte. Legen Sie nun die Punkte B und E jeweils auf die Punkte A/C bzw. F/D. So entstehen die Ärmel. Füllen Sie auch die Ärmel leicht mit Füllwatte. Die mit Füllwatte gefüllten Hände werden nun an die Ärmel genäht. Verwenden Sie dazu Garn in Farbe der Ärmel.

Der Kragen:
1. R: Häkeln Sie 14 LM und 2 Wende-LM.
2. R: Häkeln Sie abwechselnd 1 fM und 3 LM und schließen Sie die Arbeit mit einer KM ab.

Die mit Füllwatte gefüllten Beine werden unter den Rock an das Körperunterteil genäht.
Nun wird das Gesicht aufgestickt und die Augen befestigt.
Der Kopf wird an den Körper genäht.
Befestigen Sie den Kragen am Hals.

Die Großmutter

Größe: 15 cm

Material:
10 g Merinowolle (LL 160 m/ 50 g) puder – Farbe 1
10 g Merinowolle (LL 160 m/ 50 g) dunkelblau – Farbe 2
10 g Merinowolle (LL 160 m/ 50 g) grün – Farbe 3
10 g Merinowolle (LL 160 m/ 50 g) grau – Farbe 4
2 m Merinowolle (LL 160 m/ 50 g) rot – Farbe 6
4 m Merinowolle (LL 160 m/ 50 g) türkis – Farbe 7
2 Glasaugen schwarz Durchmesser 5 mm
15 g Füllwatte
Häkelnadel Stärke 2,5
Sticknadel ohne Spitze

Anleitung
Für die Großmutter werden folgende Teile gehäkelt:
Kopf mit Dutt und Haarband
2 Beine
2 Hände
Körper-Oberteil mit Unterhose
Gürtel
Rock

Der Kopf:
Der Kopf wird als Kugel gearbeitet. Er wird in Runden gehäkelt.
1. Rd: Häkeln Sie 6 fM mit Garn in Farbe 1 in einen Fadenring.
2. Rd: Häkeln Sie je 2 fM in jede Masche der VorRd.
3. bis 4. Rd: Es wird in Rd weiter gehäkelt, dabei an 6 gleichmäßig verteilten Stellen je 2 fM in eine Einstichstelle arbeiten. In der 4. Rd haben Sie 24 fM. Von der 5. bis zur 11. Rd ohne weitere Zunahmen häkeln. Ab Rd 11 wird Farbe 4 verwendet.
Von der 12. Rd bis zur 14. Rd an 6 gleichmäßig verteilten Stellen je eine Masche überspringen. Beginnen Sie, den Kopf mit Füllwatte zu füllen.
In der 15. Rd bleiben 6 fM übrig, diese mit einem Faden zusammenziehen.

Der Dutt:
1. Rd: Häkeln Sie 6 fM mit Garn in Farbe 4 in einen Fadenring.
2. Rd: Je 2 fM werden in jede fM der VorRd gehäkelt. Sie erhalten 12 fM.
3. Rd: Je 2 fM werden in jede 2. fM der VorRd gearbeitet, Sie erhalten 18 M.
4. bis 5. Rd: Ohne weitere Zunahmen häkeln. Arbeit beenden.
6. Rd: fM arbeiten, jede dritte M überspringen.
7. Rd: fM arbeiten, jede zweite M überspringen. Dutt mit Füllwatte füllen.
8. Rd: 6 fM bleiben übrig, diese mit einem Faden zusammen ziehen und der Dutt ist fertig. Auf dem Kopf aufnähen und eine LM-Kette aus 12 LM um den Dutt legen und befestigen.

Die Hände:
1. Rd: Häkeln Sie 5 fM mit Garn in Farbe 1 in einen Fadenring.
2. Rd: Je 2 fM werden in jede fM der VorRd gehäkelt. Sie erhalten 10 fM.
3. bis 5. Rd: Ohne weitere Zunahmen häkeln.
6. Rd: fM arbeiten, jede zweite M überspringen. Arbeit mit KM beenden.
Häkeln Sie eine weitere Hand nach gleichem Muster. Füllen Sie die Hände mit wenig Füllwatte.

Beine mit Schuhen:
1. Rd: Häkeln Sie 7 fM mit Garn in Farbe 4 in einen Fadenring.
2. Rd: Häkeln Sie je 2 fM in jede Masche der VorRd.
3. bis 5. Rd: Ohne weitere Zunahmen häkeln.
6. Rd. fM häkeln, die 6. und 12. Masche überspringen. Sie erhalten 10 M.
7. Rd: fM häkeln.
8. - 15. Rd: In Farbe 1 weiterarbeiten, fM häkeln.
Das zweite Bein ebenso arbeiten. Beine mit Füllwatte füllen.

Der Körper:
(Beachten Sie beim Häkeln des Körpers die Fotoanleitung auf den S. 15-17)
1. Rd: Häkeln Sie 6 fM mit Garn in Farbe 2 in einen Fadenring.
2. Rd: Häkeln Sie je 2 fM in jede Masche der VorRd.
3. bis 12. Rd: Es wird in Rd weiter gehäkelt, dabei an 6 gleichmäßig verteilten Stellen je 2 fM in eine Einstichstelle arbeiten. In der 12. Rd haben Sie 72 fM.
Das Körper-Oberteil entspricht nun einem Sechseck. Zum Anhäkeln des Unterteils legen Sie Punkt F auf Punkt D sowie Punkt A auf Punkt C.

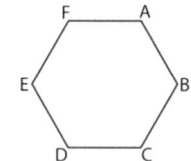

13. Rd: Ändern Sie die Richtung und häkeln Sie von A bis F fM in die 12. Rd des Oberteils wobei jeweils in den hinteren Teil der fM der VorRd eingestochen wird. Die letzte fM verbindet die Punkte F und D. Weiter fM bis Punkt C häkeln, ebenso in das hintere Maschenglied der VorRd einstechen. C und A durch eine fM verbinden. Es ist eine Rd entstanden.

14. bis 15. Rd: Wieder wird die Häkelrichtung geändert. Zwei weitere Rd fM arbeiten. Jede Rd enthält 22 M.

16. Rd: In dieser Rd wird die Arbeit zur Herausbildung der Hosenbeine in zwei Teile geteilt. Häkeln Sie von F aus 6 fM. Wenden Sie die Arbeit und häkeln Sie auf der anderen Seite von der Mitte bis zum Punkt D weitere 6 fM. Eine Rd aus 12 fM ist entstanden.

17. Rd: Häkeln Sie nun das zweite Hosenbein. Dazu wird in der Mitte zwischen A und F begonnen. Häkeln Sie 6 fM in Richtung A und weitere 6 fM auf der anderen Seite. Schließen Sie die Rd.

Rock:
Häkeln Sie nun mit Garn in Farbe 3 fM in die Maschen der 12. Rd. Dabei in die 4., 7., 10., 13., 16., 20. M je 2 fM häkeln. Die Rd enthält nun 28 fM. 9 Rd fM ohne Zunahmen häkeln. Der Rock ist fertig.

Gürtel:
Häkeln Sie 28 LM in Farbe 7. Arbeiten Sie eine Wende-LM und 28 fM in die LM-Kette. Legen Sie den Gürtel um den Körper, verbinden Sie Anfang und Ende.

Füllen Sie den Körper mit Füllwatte.
Legen Sie nun die Punkte B und E jeweils auf die Punkte A/C bzw. F/D. So entstehen die Ärmel.
Füllen Sie auch die Ärmel leicht mit Füllwatte. Die mit Füllwatte gefüllten Hände werden nun an die Ärmel genäht. Verwenden Sie dazu Garn in Farbe der Ärmel.
Die mit Füllwatte gefüllten Beine werden unter den Rock an das Körperunterteil genäht.
Nun wird das Gesicht aufgestickt, die Ohren mit wenigen Stichen in Farbe 1 angedeutet und die Augen befestigt.
Der Kopf wird an den Körper genäht.

Der Großvater

Größe mit Mütze: 20 cm

Material:
10 g Merinowolle (LL 160 m/ 50 g) puder – Farbe 1
10 g Merinowolle (LL 160 m/ 50 g) türkis – Farbe 2
10 g Merinowolle (LL 160 m/ 50 g) dunkelblau – Farbe 3
05 g Merinowolle (LL 160 m/ 50 g) hellgrau – Farbe 4
05 g Merinowolle (LL 160 m/ 50 g) dunkelgrau – Farbe 5
0,50 m rote Wolle
2 Glasaugen schwarz Durchmesser 5 mm
15 g Füllwatte
Häkelnadel Stärke 2,5
Sticknadel ohne Spitze

Anleitung.
Für den Großvater werden folgende Teile gehäkelt:
Kopf
2 Schuhe
2 Hände
Körper-Oberteil
Körper-Unterteil
Bart
Mütze

Der Kopf:
Der Kopf wird als Kugel gearbeitet. Er wird in Runden gehäkelt.
1. Rd: Häkeln Sie 6 fM mit Garn in Farbe 1 in einen Fadenring.
2. Rd: Häkeln Sie je 2 fM in jede Masche der VorRd.
3. bis 4. Rd: Es wird in Rd weiter gehäkelt, dabei an 6 gleichmäßig verteilten Stellen je 2 fM in eine Einstichstelle arbeiten. In der 4. Rd haben Sie 24 fM.
Von der 5. bis zur 11. Rd ohne weitere Zunahmen häkeln.
Von der 12. Rd bis zur 14. Rd an 6 gleichmäßig verteilten Stellen je eine Masche überspringen. Beginnen Sie, den Kopf mit Füllwatte zu füllen.
In der 15. Rd bleiben 6 fM übrig, diese mit einem Faden zusammenziehen.

Die Hände:
1. Rd: Häkeln Sie 5 fM mit Garn in Farbe 1 in einen Fadenring.
2. Rd: Je 2 fM werden in jede fM der VorRd gehäkelt. Sie erhalten 10 fM in dieser Rd.
3. bis 5. Rd: Ohne weitere Zunahmen häkeln.
6. Rd: fM arbeiten, jede zweite M überspringen. Arbeit mit KM beenden.
Häkeln Sie eine weitere Hand nach gleichem Muster. Füllen Sie die Hände mit wenig Füllwatte.

Die Schuhe:
1. Rd: Häkeln Sie 7 fM mit Garn in Farbe 5 in einen Fadenring.
2. Rd: Häkeln Sie je 2 fM in jede Masche der VorRd.
3. bis 5. Rd: Ohne weitere Zunahmen häkeln.
6. Rd. fM häkeln, dabei jede dritte Masche überspringen.
7. Rd: fM häkeln, Arbeit mit einer KM abschließen
Den zweiten Schuh ebenso arbeiten. Schuhe mit Füllwatte füllen.

Die Mütze:
1. Rd: Häkeln Sie 5 fM mit Garn in Farbe 4 in einen Fadenring.
2. bis 16. Rd: Häkeln Sie weiter fM in Rd, dabei fortlaufend in jede 9. Masche jeweils 2 fM häkeln.
17. bis 18. Rd: Ohne Zunahmen häkeln, Arbeit mit einer KM abschließen.

Der Körper:
(Beachten Sie beim Häkeln des Körpers die Fotoanleitung auf den S. 15-17)
1. Rd: Häkeln Sie 6 fM mit Garn in Farbe 2 in einen Fadenring.
2. Rd: Häkeln Sie je 2 fM in jede Masche der VorRd. Markieren Sie den Beginn der Rd mit einem bunten Faden.
3. bis 12. Rd: Es wird in Rd weiter gehäkelt, dabei an 6 gleichmäßig verteilten Stellen je 2 fM in eine Einstichstelle arbeiten. In der 12. Rd haben Sie dann 72 fM.
Das Körper-Oberteil entspricht nun einem Sechseck. Zum Anhäkeln des Unterteils legen Sie Punkt F auf Punkt D sowie Punkt A auf Punkt C.
13. Rd: Häkeln Sie von A bis F fM in die 12. Rd des Oberteils wobei jeweils in den hinteren Teil der fM der VorRd eingestochen wird.

Die letzte fM verbindet die Punkte F und D. Weiter fM bis Punkt C häkeln, ebenso in das hintere Maschenglied der VorRd einstechen. C und A durch eine fM verbinden. Es ist eine Rd entstanden.

14. bis 15. Rd: Jetzt wird mit Garn in Farbe 3 weitergearbeitet. Zwei weitere Rd fM arbeiten. Jede Rd enthält 22 M.

16. Rd: In dieser Rd wird die Arbeit zur Herausbildung der Hosenbeine in zwei Teile geteilt. Häkeln Sie von F aus 6 fM. Wenden Sie die Arbeit und häkeln Sie auf der anderen Seite von der Mitte bis zum Punkt D weitere 6 fM. Eine Rd aus 12 fM ist entstanden. Häkeln Sie 8 Rd für das erste Hosenbein.

17. Rd: Häkeln Sie nun das zweite Hosenbein. Dazu wird in der Mitte zwischen A und F begonnen. Häkeln Sie 6 fM in Richtung A und weitere 6 fM auf der anderen Seite . Schließen Sie die Rd. Häkeln Sie weitere acht Rd und schließen Sie die Arbeit mit einer KM ab.

Füllen Sie den Körper und die beiden Beine mit Füllwatte.
Legen Sie nun die Punkte B und E jeweils auf die Punkte A/C bzw. F/D und nähen die so entstehenden Ärmel mit verdeckten Stichen zusammen.

Füllen Sie auch die Ärmel leicht mit Füllwatte. Die mit Füllwatte gefüllten Hände werden nun an die Ärmel genäht. Verwenden Sie dazu Garn in Farbe der Ärmel.

Die mit Füllwatte gefüllten Schuhe werden an die Hosenbeine genäht. Verwenden Sie Garn in Farbe der Hosenbeine.

Der Bart:
1. R: Häkeln Sie 13 LM mit Garn in Farbe 4.
2. R: Häkeln Sie je ein Stb. in jede LM beginnend bei der 4. LM
3. R: Arbeit mit drei WendeLM wenden und je ein Stb und drei LM in jedes Stb der VorR arbeiten.

Mütze und Bart werden am Kopf festgenäht.

Nun wird die Nase aufgestickt und die Augen befestigt.

Der Kopf wird an den Körper genäht und der Großvater ist fertig.

Junge mit Pudelmütze

Größe mit Mütze: 16 cm

Material:
10 g Merinowolle (LL 160 m/ 50 g) puder – Farbe 1
15 g Merinowolle (LL 160 m/ 50 g) grün – Farbe 2
10 g Merinowolle (LL 160 m/ 50 g) hellrot – Farbe 3
10 g Merinowolle (LL 160 m/ 50 g) schwarz – Farbe 4
5 g Merinowolle (LL 160 m/ 50 g) hellbraun – Farbe 5
5 g Merinowolle (LL 160 m/ 50 g) dunkelblau – Farbe 6
1 m rote Wolle
2 Glasaugen schwarz Durchmesser 5 mm
15 g Füllwatte
Häkelnadel Stärke 2,5
Sticknadel ohne Spitze

Anleitung:
Für den Jungen werden folgende Teile gehäkelt:
Kopf
2 Schuhe
2 Hände
Körper-Oberteil
Körper-Unterteil
Mütze
Schal

Der Kopf:
Der Kopf wird als Kugel gearbeitet. Er wird in Runden gehäkelt.
1. Rd: Häkeln Sie 6 fM mit Garn in Farbe 1 in einen Fadenring.
2. Rd: Häkeln Sie je 2 fM in jede Masche der VorRd.
3. bis 4. Rd: Es wird in Rd weiter gehäkelt, dabei an 6 gleichmäßig verteilten Stellen je 2 fM in eine Einstichstelle arbeiten. In der 4. Rd haben Sie 24 fM. Von der 5. bis zur 11. Rd ohne weitere Zunahmen häkeln. Ab der 11. Rd wird Garn in Farbe 5 verwendet.

Von der 12. Rd bis 14. Rd an 6 gleichmäßig verteilten Stellen je eine M überspringen. Kopf mit Füllwatte füllen, restliche M zusammenziehen.

Die Hände:
1. Rd: Häkeln Sie 5 fM mit Garn in Farbe 1 in einen Fadenring.
2. Rd: Je 2 fM werden in jede fM der VorRd gehäkelt. Sie erhalten 10 fM
3. bis 5. Rd: Ohne weitere Zunahmen häkeln.
6. Rd: fM häkeln, jede zweite M überspringen, mit KM beenden.
Häkeln Sie eine weitere Hand nach gleichem Muster. Füllen Sie die Hände.

Die Schuhe:
1. Rd: Häkeln Sie 7 fM mit Garn in Farbe 4 in einen Fadenring.
2. Rd: Häkeln Sie je 2 fM in jede Masche der VorRd.
3. bis 5. Rd: Ohne weitere Zunahmen häkeln.
6. Rd. fM häkeln, dabei jede dritte Masche überspringen.
7. Rd: fM häkeln, Arbeit mit einer KM abschließen
Den zweiten Schuh ebenso arbeiten. Schuhe mit Füllwatte füllen.

Die Mütze.
1. Rd: Häkeln Sie 6 fM mit Garn in Farbe 3 in einen Fadenring.
2. bis 4. Rd: Häkeln Sie weiter fM in Rd, dabei an 6 gleichmäßig verteilten Stellen je 2 fM in eine fM der VorRd arbeiten.
5. bis 9. Rd: Häkeln Sie ohne weitere Zunahmen, Arbeit mit KM beenden.
Für die Bommel 20 etwa 6 cm lange Fäden aus Garn in Farbe 6 übereinander legen, mit einem weiteren Faden zusammenknoten, je 1 cm links und rechts neben dem Mittelknoten abschneiden, zur Bommel formen, mit einer sehr scharfen kleinen Schere schön rund schneiden.

Der Schal:
1. R: Häkeln Sie 4 Stb in einen Fadenring mit Garn in Farbe 3.
2. R bis 24. R: Häkeln Sie Stb, beginnen Sie jede R mit 3 Wende-LM.

Der Körper:
(Beachten Sie beim Häkeln des Körpers die Fotoanleitung auf den S. 15-17)
1. Rd: Häkeln Sie 6 fM mit Garn in Farbe 2 in einen Fadenring.
2. Rd: Häkeln Sie je 2 fM in jede Masche der VorRd.
3. bis 12. Rd: Es wird in Rd weiter gehäkelt, dabei an 6 gleichmäßig verteilten Stellen je 2 fM in eine Einstichstelle arbeiten. In der 12. Rd haben

Sie 72 fM. Das Körper-Oberteil entspricht nun einem
Sechseck. Zum Anhäkeln des Unterteils legen Sie Punkt F
auf Punkt D sowie Punkt A auf Punkt C.

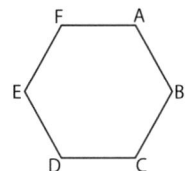

13. Rd: Häkeln Sie von A bis F fM in die 12. Rd des Oberteils
wobei jeweils in den hinteren Teil der fM der VorRd
eingestochen wird. Die letzte fM verbindet die Punkte F und D. Weiter fM bis
Punkt C häkeln, ebenso in das hintere Maschenglied der VorRd einstechen.
C und A durch eine fM verbinden. Es ist eine Rd entstanden.
14. bis 15. Rd: Jetzt wird mit Garn in Farbe 3 weitergearbeitet. Zwei weitere
Rd fM arbeiten. Jede Rd enthält 22 M.
16. Rd: In dieser Rd wird die Arbeit zur Herausbildung der Hosenbeine in
zwei Teile geteilt. Häkeln Sie von F aus 6 fM. Wenden Sie die Arbeit und
häkeln Sie auf der anderen Seite von der Mitte bis zum Punkt D weitere 6
fM. Eine Rd aus 12 fM ist entstanden. Häkeln Sie 8 Rd für das erste
Hosenbein.
17. Rd: Häkeln Sie nun das zweite Hosenbein. Dazu wird in der Mitte
zwischen A und F begonnen. Häkeln Sie 6 fM in Richtung A und weitere 6
fM auf der anderen Seite . Schließen Sie die Rd. Häkeln Sie weitere acht Rd
und schließen Sie die Arbeit mit einer KM ab.
Füllen Sie den Körper und die beiden Beine mit Füllwatte.
Legen Sie nun die Punkte B und E jeweils auf die Punkte A/C bzw. F/D und
nähen die so entstehenden Ärmel mit verdeckten Stichen zusammen.
Füllen Sie auch die Ärmel leicht mit Füllwatte. Die mit Füllwatte gefüllten
Hände werden nun an die Ärmel genäht. Verwenden Sie Garn in Farbe der
Ärmel. Die mit Füllwatte gefüllten Schuhe werden an die Hosenbeine
genäht. Verwenden Sie Garn in Farbe der Hosenbeine.

Die Haare:
24 Fäden mit einer Länge von jeweils 12 cm werden aus Garn in Farbe 5
zugeschnitten und in die Oberseite des Kopfes geknüpft. Die Haare werden
gleichmäßig um den Kopf verteilt und die Mütze wird an den Kopf genäht.
(siehe Kapitel "Die Frisuren" zu Beginn des Buches)
Nun werden Nase und Mund aufgestickt und die Augen befestigt.
Der Kopf wird an den Körper genäht.
Der Schal wird um den Hals gelegt, die Enden werden vorn übereinander
gelegt und angenäht. Die Haare können nun gleichmäßig geschnitten
werden. Der kleine Matrose ist genau wie der Junge mit Pudelmütze
gearbeitet, die anderen Farben und das Tuch machen den Unterschied!

Kleiner Matrose

Größe mit Mütze: 16 cm

Material:
10 g Merinowolle (LL 160 m/ 50 g) puder – Farbe 1
15 g Merinowolle (LL 160 m/ 50 g) blau – Farbe 2
10 g Merinowolle (LL 160 m/ 50 g) rot – Farbe 3
10 g Merinowolle (LL 160 m/ 50 g) weiß – Farbe 4
5 g Merinowolle (LL 160 m/ 50 g) grau – Farbe 5
5 g Merinowolle (LL 160 m/ 50 g) hellbraun – Farbe 5
1 m rote Wolle
2 Glasaugen schwarz Durchmesser 5 mm
15 g Füllwatte
Häkelnadel Stärke 2,5, Sticknadel ohne Spitze

Anleitung:
Für den Matrosen werden folgende Teile gehäkelt:
Kopf
2 Schuhe
2 Hände
Körper-Oberteil
Körper-Unterteil
Mütze
Tuch

Der Kopf:
Der Kopf wird als Kugel gearbeitet. Er wird in Runden gehäkelt.
1. Rd: Häkeln Sie 6 fM mit Garn in Farbe 1 in einen Fadenring.
2. Rd: Häkeln Sie je 2 fM in jede Masche der VorRd.
3. bis 4. Rd: Es wird in Rd weiter gehäkelt, dabei an 6 gleichmäßig verteilten Stellen je 2 fM in eine Einstichstelle arbeiten. In der 4. Rd haben Sie 24 fM. Von der 5. bis zur 11. Rd ohne weitere Zunahmen häkeln. Ab der 11. Rd wird Garn in Farbe 5 verwendet. Von der 12. Rd bis zur 14. Rd an 6 gleichmäßig verteilten Stellen je eine Masche überspringen. Kopf mit Füllwatte füllen. In der 15. Rd bleiben 6 fM übrig, diese zusammenziehen.

Die Hände:
1. Rd: Häkeln Sie 5 fM mit Garn in Farbe 1 in einen Fadenring.
2. Rd: Je 2 fM werden in jede fM der VorRd gehäkelt. Sie erhalten 10 fM.
3. bis 5. Rd: Ohne weitere Zunahmen häkeln.
6. Rd: fM arbeiten, jede zweite M überspringen. Arbeit mit KM beenden.
Häkeln Sie eine weitere Hand nach gleichem Muster.

Die Schuhe:
1. Rd: Häkeln Sie 7 fM mit Garn in Farbe 4 in einen Fadenring.
2. Rd: Häkeln Sie je 2 fM in jede Masche der VorRd.
3. bis 5. Rd: Ohne weitere Zunahmen häkeln.
6. Rd. fM häkeln, dabei jede dritte Masche überspringen.
7. Rd: fM häkeln, Arbeit mit einer KM abschließen
Den zweiten Schuh ebenso arbeiten. Schuhe mit Füllwatte füllen.

Die Mütze:
1. Rd: Häkeln Sie 6 fM mit Garn in Farbe 4 in einen Fadenring.
2. bis 4. Rd: Häkeln Sie weiter fM in Rd, dabei an 6 gleichmäßig verteilten Stellen je 2 fM in eine fM der VorRd arbeiten.
5. bis 9. Rd: Häkeln Sie ohne weitere Zunahmen, Arbeit mit KM beenden.
Für die Bommel 20 etwa 6 cm lange Fäden aus Garn in Farbe 2 übereinander legen, mit einem weiteren Faden zusammen knoten. Je 1 cm links und rechts neben dem Mittelknoten abschneiden, zur Bommel formen, mit einer sehr scharfen kleinen Schere schön rund schneiden.

Das Tuch:
1. R: Häkeln Sie 3 fM in einen Fadenring mit Garn in Farbe 3.
2. R: Häkeln Sie 1 fM in die erste LM, 2 fM in die zweite LM, 1 fM in die dritte LM, Arbeit wenden.
3. bis 4. R: Häkeln Sie 4 R fM, dabei jeweils in die zweite und in die vorletzte fM jeder R 2 fM arbeiten. Schließen Sie die Arbeit mit einer KM ab.

Der Körper:
(Beachten Sie beim Häkeln des Körpers die Fotoanleitung auf den S. 15-17)
1. Rd: Häkeln Sie 6 fM mit Garn in Farbe 2 in einen Fadenring.
2. Rd: Häkeln Sie je 2 fM in jede Masche der VorRd. Markieren Sie den Beginn der Rd mit einem bunten Faden.

3. bis 12. Rd: Es wird in Rd weiter gehäkelt, dabei an 6 gleichmäßig verteilten Stellen je 2 fM in eine Einstichstelle arbeiten. In der 12. Rd haben Sie 72 fM.

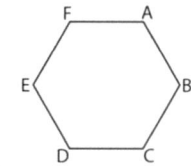

Das Körper-Oberteil entspricht nun einem Sechseck. Zum Anhäkeln des Unterteils legen Sie Punkt F auf Punkt D sowie Punkt A auf Punkt C.

13. Rd: Häkeln Sie von A bis F fM in die 12. Rd des Oberteils wobei jeweils in den hinteren Teil der fM der VorRd eingestochen wird. Die letzte fM verbindet die Punkte F und D. Weiter fM bis Punkt C häkeln, ebenso in das hintere Maschenglied der VorRd einstechen. C und A durch eine fM verbinden. Es ist eine Rd entstanden.

14. Bis 15. Rd: Zwei weitere Rd fM arbeiten. Jede Rd enthält 22 M.

16. Rd: In dieser Rd wird die Arbeit zur Herausbildung der Hosenbeine in zwei Teile geteilt. Häkeln Sie von F aus 6 fM. Wenden Sie die Arbeit und häkeln Sie auf der anderen Seite von der Mitte bis zum Punkt D weitere 6 fM. Eine Rd aus 12 fM ist entstanden. Häkeln Sie 8 Rd für das erste Hosenbein.

17. Rd: Häkeln Sie nun das zweite Hosenbein. Dazu wird in der Mitte zwischen A und F begonnen. Häkeln Sie 6 fM in Richtung A und weitere 6 fM auf der anderen Seite. Schließen Sie die Rd.

Häkeln Sie weitere acht Rd und schließen Sie die Arbeit mit einer KM ab. Füllen Sie den Körper und die beiden Beine mit Füllwatte.

Legen Sie nun die Punkte B und E jeweils auf die Punkte A/C bzw. F/D und nähen die so entstehenden Ärmel mit verdeckten Stichen zusammen. Füllen Sie auch die Ärmel leicht mit Füllwatte. Die mit Füllwatte gefüllten Hände werden nun an die Ärmel genäht. Verwenden Sie dazu Garn in Farbe der Ärmel. Die mit Füllwatte gefüllten Schuhe werden an die Hosenbeine genäht. Verwenden Sie Garn in Farbe der Hosenbeine.

Die Haare:
24 Fäden mit einer Länge von jeweils 12 cm werden aus Garn in Farbe 5 zugeschnitten und in die Oberseite des Kopfes geknüpft. Die Haare werden gleichmäßig um den Kopf verteilt und die Mütze wird an den Kopf genäht. (siehe Kapitel "Die Frisuren" zu Beginn des Buches)
Nun werden Nase und Mund aufgestickt und die Augen befestigt.
Der Kopf wird an den Körper genäht. Das Tuch wird um den Hals gelegt, die Enden werden vorn übereinander gelegt und angenäht. Die Haare können nun gleichmäßig geschnitten werden.

Der kleine Koch

Größe mit Mütze: 17 cm

Material:
10 g Merinowolle (LL 160 m/ 50 g) puder – Farbe 1
15 g Merinowolle (LL 160 m/ 50 g) weiß – Farbe 2
10 g Merinowolle (LL 160 m/ 50 g) hellblau – Farbe 3
10 g Merinowolle (LL 160 m/ 50 g) gelb – Farbe 4
5 g Merinowolle (LL 160 m/ 50 g) weinrot – Farbe 5
5 g Merinowolle (LL 160 m/ 50 g) schwarz – Farbe 6
1 m rote Wolle
2 Glasaugen schwarz Durchmesser 5 mm
15 g Füllwatte
Häkelnadel Stärke 2,5
Sticknadel ohne Spitze

Anleitung:
Für den Koch werden folgende Teile gehäkelt:
Kopf
2 Schuhe
2 Hände
Körper-Oberteil
Körper-Unterteil
Kochmütze
Tuch

Der Kopf:
Der Kopf wird als Kugel gearbeitet. Er wird in Runden gehäkelt.
1. Rd: Häkeln Sie 6 fM mit Garn in Farbe 1 in einen Fadenring.
2. Rd: Häkeln Sie je 2 fM in jede Masche der VorRd. Markieren Sie den Beginn der Rd mit einem bunten Faden
3. bis 4. Rd: Es wird in Rd weiter gehäkelt, dabei an 6 gleichmäßig verteilten Stellen je 2 fM in eine Einstichstelle arbeiten. In der 4. Rd haben Sie 24 fM. Von der 5. bis zur 11. Rd ohne weitere Zunahmen häkeln. Ab der 11. Rd wird Garn in Farbe 4 verwendet.

Von der 12. Rd bis zur 14. Rd an 6 gleichmäßig verteilten Stellen je eine Masche überspringen. Beginnen Sie, den Kopf mit Füllwatte zu füllen.
In der 15. Rd bleiben 6 fM übrig, diese zusammenziehen.

Die Hände:
1. Rd: Häkeln Sie 5 fM mit Garn in Farbe 1 in einen Fadenring.
2. Rd: Je 2 fM werden in jede fM der VorRd gehäkelt. Sie erhalten 10 fM .
3. bis 5. Rd: Ohne weitere Zunahmen häkeln.
6. Rd: fM arbeiten, jede zweite M überspringen. Arbeit mit KM beenden.
Häkeln Sie eine weitere Hand nach gleichem Muster.

Die Schuhe:
1. Rd: Häkeln Sie 7 fM mit Garn in Farbe 6 in einen Fadenring.
2. Rd: Häkeln Sie je 2 fM in jede Masche der VorRd.
3. bis 5. Rd: Ohne weitere Zunahmen häkeln.
6. Rd. fM häkeln, dabei jede dritte Masche überspringen.
7. Rd: fM häkeln, Arbeit mit einer KM abschließen
Den zweiten Schuh ebenso arbeiten. Schuhe mit Füllwatte füllen.

Die Kochmütze:
1. Rd: Häkeln Sie 6 fM mit Garn in Farbe 2 in einen Fadenring.
2. bis 4. Rd: Häkeln Sie weiter fM in Rd, dabei an 6 gleichmäßig verteilten Stellen je 2 fM in eine fM der VorRd arbeiten.
5. Rd: Häkeln Sie jeweils 2 fM in jede fM der VorRd.
6. bis 7. Rd: Ohne Zunahmen häkeln.
8. Rd: fM häkeln, dabei jede 2. Masche überspringen.
9. bis 13. Rd: Ohne weitere Zunahmen häkeln, Arbeit mit KM abschließen.

Das Tuch:
1. R: Häkeln Sie 25 LM und 1 Wende-LM.
2. R: Häkeln Sie je eine fM in jede LM, beenden Sie die Arbeit mit einer KM.

Der Körper:
(Beachten Sie beim Häkeln des Körpers die Fotoanleitung auf den S. 15-17)
1. Rd: Häkeln Sie 6 fM mit Garn in Farbe 2 in einen Fadenring.
2. Rd: Häkeln Sie je 2 fM in jede Masche der VorRd.
3.bis 12. Rd: Es wird in Rd weiter gehäkelt, dabei an 6 gleichmäßig verteilten Stellen je 2 fM in eine Einstichstelle arbeiten. Die 11. Rd wird mit

Garn in Farbe 3 gearbeitet, die 12. Rd wieder mit Garn in Farbe 2. In der
12. Rd haben Sie dann 72 fM. Das Körper-Oberteil entspricht nun einem
Sechseck. Zum Anhäkeln des Unterteils legen Sie Punkt F
auf Punkt D sowie Punkt A auf Punkt C.
13. Rd: Häkeln Sie von A bis F fM in die 12. Rd des Oberteils
wobei jeweils in den hinteren Teil der fM der VorRd
eingestochen wird.
Die letzte fM verbindet die Punkte F und D. Weiter fM bis
Punkt C häkeln, ebenso in das hintere Maschenglied der VorRd einstechen.
C und A durch eine fM verbinden. Es ist eine Rd entstanden.
14. bis 15. Rd: Jetzt wird mit Garn in Farbe 3 weitergearbeitet. Zwei weitere
Rd fM arbeiten. Jede Rd enthält 22 M.
16. Rd: In dieser Rd wird die Arbeit zur Herausbildung der Hosenbeine in
zwei Teile geteilt. Häkeln Sie von F aus 6 fM. Wenden Sie die Arbeit und
häkeln Sie auf der anderen Seite von der Mitte bis zum Punkt D weitere 6
fM. Eine Rd aus 12 fM ist entstanden. Häkeln Sie 8 Rd für das erste
Hosenbein.
17. Rd: Häkeln Sie nun das zweite Hosenbein. Dazu wird in der Mitte
zwischen A und F begonnen. Häkeln Sie 6 fM in Richtung A und weitere 6
fM auf der anderen Seite . Schließen Sie die Rd. Häkeln Sie weitere acht Rd
und schließen Sie die Arbeit mit einer KM ab.
Füllen Sie den Körper und die beiden Beine mit Füllwatte.
Legen Sie nun die Punkte B und E jeweils auf die Punkte A/C bzw. F/D und
nähen die so entstehenden Ärmel mit verdeckten Stichen zusammen.
Füllen Sie auch die Ärmel leicht mit Füllwatte. Die mit Füllwatte gefüllten
Hände werden nun an die Ärmel genäht. Verwenden Sie dazu Garn in
Farbe der Ärmel. Die mit Füllwatte gefüllten Schuhe werden an die
Hosenbeine genäht. Verwenden Sie Garn in Farbe der Hosenbeine.

Die Haare:
24 Fäden mit einer Länge von je 12 cm werden aus Garn in Farbe 4 zuge-
chnitten und in die Oberseite des Kopfes geknüpft. Die Haare werden
gleichmäßig um den Kopf verteilt und die Kochmütze wird an den Kopf
genäht. (siehe Kap. "Die Frisuren" zu Beginn des Buches) Nase und Mund
werden aufgestickt und die Augen befestigt. Der Kopf wird an den Körper
genäht. DasTuch wird um den Hals gelegt, die Enden werden vorn
übereinander gelegt und angenäht. Die Haare können nun gleichmäßig
geschnitten werden.

Der Indianer

Größe: 15 cm

Material:
10 g Merinowolle (LL 160 m/ 50 g) puder – Farbe 1
20 g Merinowolle (LL 160 m/ 50 g) beige – Farbe 2
5 g Merinowolle (LL 160 m/ 50 g) dunkelgrau – Farbe 3
10 g Merinowolle (LL 160 m/ 50 g) schwarz – Farbe 4
5 g Merinowolle (LL 160 m/ 50 g) senf – Farbe 5
5 g Merinowolle (LL 160 m/ 50 g) rot – Farbe 6
2 Glasaugen schwarz Durchmesser 5 mm
15 g Füllwatte
Häkelnadel Stärke 2,5
Sticknadel ohne Spitze

Anleitung:
Für den Indianer werden folgende Teile gehäkelt:
Kopf
2 Schuhe
2 Hände
Körper-Oberteil
Körper-Unterteil
Stirnband

Der Kopf:
Der Kopf wird als Kugel gearbeitet. Er wird in Runden gehäkelt.
1. Rd: Häkeln Sie 6 fM mit Garn in Farbe 1 in einen Fadenring.
2. Rd: Häkeln Sie je 2 fM in jede Masche der VorRd. 3. bis 4. Rd: Es wird in Rd weiter gehäkelt, dabei an 6 gleichmäßig verteilten Stellen je 2 fM in eine Einstichstelle arbeiten. In der 4. Rd haben Sie 24 fM.
Von der 5. bis zur 11. Rd ohne weitere Zunahmen häkeln. Ab Rd 11 wird Farbe 4 verwendet. Von der 12. Rd bis zur 14. Rd an 6 gleichmäßig verteilten Stellen je eine Masche überspringen. Beginnen Sie, den Kopf mit Füllwatte zu füllen.
In der 15. Rd bleiben 6 fM übrig, diese mit einem Faden zusammenziehen.

Die Haare:

24 Fäden mit einer Länge von jeweils 20 cm werden aus Garn in Farbe 4 zugeschnitten und in die Oberseite des Kopfes geknüpft. Die Haare werden gleichmäßig um den Kopf verteilt. (siehe Kapitel "Die Frisuren" zu Beginn des Buches). Im vorderen Bereich wird rechts und links ein roter Faden am Haaransatz eingeknüpft. Der jeweils doppelte rote Faden und vier schwarze Fäden werden links und rechts zu einem 6 cm langen Zopf geflochten. Die anderen Haare werden im Nacken mit Garn in Farbe 6 zu einem Pferdeschwanz zusammengebunden. Zöpfe und Pferdeschwanz werden auf eine Länge geschnitten.

Das Stirnband:

Häkeln Sie 24 LM und eine Wende-LM sowie je eine fM in jede LM. Schließen Sie das Stirnband um den Kopf und befestigen dieses oberhalb des Haaransatzes.

Die Hände:

1. Rd: Häkeln Sie 5 fM mit Garn in Farbe 1 in einen Fadenring.
2. Rd: Je 2 fM werden in jede fM der VorRd gehäkelt. Sie erhalten 10 fM in dieser Rd.
3. bis 5. Rd: Ohne weitere Zunahmen häkeln.
6. Rd: fM arbeiten, jede zweite M überspringen. Arbeit mit KM beenden. Häkeln Sie eine weitere Hand nach gleichem Muster. Füllen Sie die Hände mit wenig Füllwatte.

Die Schuhe:

1. Rd: Häkeln Sie 7 fM mit Garn in Farbe 3 in einen Fadenring.
2. Rd: Häkeln Sie je 2 fM in jede Masche der VorRd.
3. bis 5. Rd: Ohne weitere Zunahmen häkeln.
6. Rd. fM häkeln, dabei jede dritte Masche überspringen.
7. Rd: fM häkeln, Arbeit mit einer KM abschließen
Den zweiten Schuh ebenso arbeiten. Schuhe mit Füllwatte füllen.

Der Körper:

(Beachten Sie beim Häkeln des Körpers die Fotoanleitung auf S. 15-17)
1. Rd: Häkeln Sie 6 fM mit Garn in Farbe 2 in einen Fadenring.
2. Rd: Häkeln Sie je 2 fM in jede Masche der VorRd. Markieren Sie den Beginn der Rd mit einem bunten Faden.

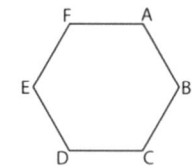

3. bis 12. Rd: Es wird in Rd weiter gehäkelt, dabei an 6 gleichmäßig verteilten Stellen je 2 fM in eine Einstichstelle arbeiten. Ab der 11. Rd wird in Farbe 6 weitergearbeitet, in der 12. Rd haben Sie dann 72 fM.

Das Körper-Oberteil entspricht nun einem Sechseck. Zum Anhäkeln des Unterteils legen Sie Punkt F auf Punkt D sowie Punkt A auf Punkt C.

13. Rd: Häkeln Sie mit Farbe 2 von A bis F fM in die 12. Rd des Oberteils. Die letzte fM verbindet die Punkte F und D. Weiter fM bis Punkt C häkeln, ebenso in das hintere Maschenglied der VorRd einstechen. C und A durch eine fM verbinden. Es ist eine Rd entstanden.

14. bis 15. Rd: Zwei weitere Rd fM arbeiten. Jede Rd enthält 22 M.

16. Rd: In dieser Rd wird die Arbeit zur Herausbildung der Hosenbeine in zwei Teile geteilt. Häkeln Sie von F aus 6 fM. Wenden Sie die Arbeit und häkeln Sie auf der anderen Seite von der Mitte bis zum Punkt D weitere 6 fM. Eine Rd aus 12 fM ist entstanden. Häkeln Sie 8 Rd für das erste Hosenbein., Wobei ab der 7. Rd. Mit Farbe 6 gearbeitet wird.

Häkeln Sie nun das zweite Hosenbein. Dazu wird in der Mitte zwischen A und F begonnen. Häkeln Sie 6 fM in Richtung A und weitere 6 fM auf der anderen Seite. Schließen Sie die Rd. Häkeln Sie auch für das zweite Hosenbein 8 Rd, ab Rd 7 wird mit Garn in Farbe 6 weiter gearbeitet und schließen Sie die Arbeit jeweils mit einer KM ab.

Füllen Sie den Körper und die beiden Beine mit Füllwatte.
Legen Sie nun die Punkte B und E jeweils auf die Punkte A/C bzw. F/D und nähen die so entstehenden Ärmel mit verdeckten Stichen zusammen.
Füllen Sie auch die Ärmel leicht mit Füllwatte. Die mit Füllwatte gefüllten Hände werden nun an die Ärmel genäht. Verwenden Sie dazu Garn in Farbe der Ärmel.

Die mit Füllwatte gefüllten Schuhe werden an die Hosenbeine genäht.
Verwenden Sie Garn in Farbe der Hosenbeine.
Nun wird die Nase aufgestickt und die Augen befestigt.
Der Kopf wird an den Körper genäh und der Indianer ist fertig.

Der Mönch

Größe: 16 cm

Material:
10 g Merinowolle (LL 160 m/ 50 g) puder – Farbe 1
10 g Merinowolle (LL 160 m/ 50 g) braun – Farbe 2
5 g Merinowolle (LL 160 m/ 50 g) hellbraun – Farbe 3
5 g Merinowolle (LL 160 m/ 50 g) senf – Farbe 4
0,5 m Merinowolle (LL 160 m/ 50 g) rot – Farbe 6
5 g Merinowolle (LL 160 m/ 50 g) schwarz – Farbe 7
5 g Merinowolle (LL 160 m/ 50 g) grau – Farbe 8
2 Glasaugen schwarz Durchmesser 5 mm
15 g Füllwatte
Häkelnadel Stärke 2,5
Sticknadel ohne Spitze

Anleitung:
Für den Mönch werden folgende Teile gearbeitet:
Kopf
2 Schuhe
2 Hände
Körper-Oberteil mit Kutte
Körper-Unterteil
Gürtel
Kragen

Der Kopf:
Der Kopf wird als Kugel gearbeitet. Er wird in Runden gehäkelt.
1. Rd: Häkeln Sie 6 fM mit Garn in Farbe 1 in einen Fadenring.
2. Rd: Häkeln Sie je 2 fM in jede Masche der VorRd. Markieren Sie den Beginn der Rd mit einem bunten Faden
3. bis 4. Rd: Es wird in Rd weiter gehäkelt, dabei an 6 gleichmäßig verteilten Stellen je 2 fM in eine Einstichstelle arbeiten. In der 4. Rd haben Sie 24 fM. Von der 5. bis zur 11. Rd ohne weitere Zunahmen häkeln.

Von der 12. Rd bis zur 14. Rd an 6 gleichmäßig verteilten Stellen je eine Masche überspringen. Füllen Sie den Kopf mit Füllwatte. In der 15. Rd bleiben 6 fM übrig, diese mit einem Faden zusammenziehen. Arbeiten Sie unterhalb der 5. Rd von oben den Haarkranz. Dazu 16 mal abwechselnd 1 fM und 1 LM häkeln. Mit einer KM beenden.

Die Hände:
1. Rd: Häkeln Sie 5 fM mit Garn in Farbe 1 in einen Fadenring.
2. Rd: Je 2 fM werden in jede fM der VorRd gehäkelt. Sie erhalten 10 fM in dieser Rd.
3. bis 5. Rd: Ohne weitere Zunahmen häkeln.
6. Rd: fM arbeiten, jede zweite M überspringen. Arbeit mit KM beenden.
Häkeln Sie eine weitere Hand nach gleichem Muster. Füllen Sie die Hände mit wenig Füllwatte.

Die Schuhe:
1. Rd: Häkeln Sie 7 fM mit Garn in Farbe 7 in einen Fadenring.
2. Rd: Häkeln Sie je 2 fM in jede Masche der VorRd.
3. bis 5. Rd: Ohne weitere Zunahmen häkeln.
6. Rd. fM häkeln, dabei jede dritte Masche überspringen.
7. Rd: fM häkeln, Arbeit mit einer KM abschließen. Den zweiten Schuh ebenso arbeiten. Schuhe mit Füllwatte füllen.

Der Körper:
(Beachten Sie beim Häkeln des Körpers die Fotoanleitung auf den S. 15-17)
1. Rd: Häkeln Sie 6 fM mit Garn in Farbe 2 in einen Fadenring.
2. Rd: Häkeln Sie je 2 fM in jede Masche der VorRd.
Markieren Sie den Beginn der Rd mit einem bunten Faden.
3. bis 12. Rd: Es wird in Rd weiter gehäkelt, dabei an 6 gleichmäßig verteilten Stellen je 2 fM in eine Einstichstelle arbeiten. In der 12. Rd haben Sie 72 fM.

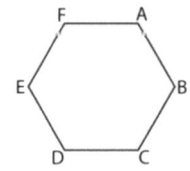

Das Körper-Oberteil entspricht nun einem Sechseck. Zum Anhäkeln des Unterteils legen Sie Punkt F auf Punkt D sowie Punkt A auf Punkt C.
13. Rd: Häkeln Sie von A bis F fM in die 12. Rd des Oberteils wobei jeweils in den hinteren Teil der fM der VorRd eingestochen wird.

Die letzte fM verbindet die Punkte F und D. Weiter fM bis Punkt C häkeln, ebenso in das hintere Maschenglied der VorRd einstechen. C und A durch eine fM verbinden. Es ist eine Rd entstanden.

14. bis 15. Rd: Zwei weitere Rd fM arbeiten. Jede Rd enthält 22 M.

16. Rd: In dieser Rd wird die Arbeit zur Herausbildung der Hosenbeine in zwei Teile geteilt. Häkeln Sie von F aus 6 fM. Wenden Sie die Arbeit und häkeln Sie auf der anderen Seite von der Mitte bis zum Punkt D weitere 6 fM. Eine Rd aus 12 fM ist entstanden. Häkeln Sie 8 Rd für das erste Hosenbein.

17. Rd: Häkeln Sie nun das zweite Hosenbein. Dazu wird in der Mitte zwischen A und F begonnen. Häkeln Sie 6 fM in Richtung A und weitere 6 fM auf der anderen Seite. Schließen Sie die Rd. Häkeln Sie weitere acht Rd und schließen Sie die Arbeit mit einer KM ab.

Häkeln Sie nun das Unterteil der Kutte in die 12. Rd, oberhalb des Ansatzes der Hosenbeine. Häkeln Sie in die 4., 7., 10., 13., 16., 20. M je 2 fM. Die Rd enthält nun 28 fM.

Weitere 12 Rd ohne Zunahmen häkeln, mit 1 KM abschließen.

Füllen Sie den Körper und die beiden Beine mit Füllwatte.

Legen Sie nun die Punkte B und E jeweils auf die Punkte A/C bzw. F/D und nähen die so entstehenden Ärmel mit verdeckten Stichen zusammen. Füllen Sie auch die Ärmel leicht mit Füllwatte. Die mit Füllwatte gefüllten Hände werden nun an die Ärmel genäht. Verwenden Sie dazu Garn in Farbe der Ärmel.

Die mit Füllwatte gefüllten Schuhe werden an die Hosenbeine genäht. Verwenden Sie Garn in Farbe der Hosenbeine.

Der Kragen:

1. R: Häkeln Sie 14 LM und 2 Wende-LM.
2. bis 4. R: Häkeln Sie Stb, dabei jeweils 2 Stb. in die zweite M jeder R arbeiten.

Der Gürtel:

Verdrehen Sie vier 30 cm lange Fäden zu einer 28 cm langen Kordel und knoten Sie diese um den Bauch des Mönches.

Nun wird das Gesicht und kleine Ohren aufgestickt und die Augen befestigt. Der Kopf wird an den Körper genäht. Befestigen Sie den Kragen am Hals.

Der Schornsteinfeger

Größe mit Hut: 17 cm

Material:
10 g Merinowolle (LL 160 m/ 50 g) puder – Farbe 1
20 g Merinowolle (LL 160 m/ 50 g) schwarz– Farbe 2
5 g Merinowolle (LL 160 m/ 50 g) dunkelgrau – Farbe 3
5 g Merinowolle (LL 160 m/ 50 g) hellgrau – Farbe 4
1 m rote Wolle
1,5 m blaue Wolle
2 Glasaugen schwarz Durchmesser 5 mm
15 g Füllwatte
Häkelnadel Stärke 2,5
Sticknadel ohne Spitze

Anleitung:
Für den Schornsteinfeger werden folgende Teile gehäkelt:
Kopf
2 Schuhe
2 Hände
Körper-Oberteil
Körper-Unterteil
Hut
Kragen

Der Kopf:
Der Kopf wird als Kugel gearbeitet. Er wird in Runden gehäkelt.
1. Rd: Häkeln Sie 6 fM mit Garn in Farbe 1 in einen Fadenring.
2. Rd: Häkeln Sie je 2 fM in jede Masche der VorRd.
3. bis 4. Rd: Es wird in Rd weiter gehäkelt, dabei an 6 gleichmäßig verteilten Stellen je 2 fM in eine Einstichstelle arbeiten. In der 4. Rd haben Sie 24 fM.
Von der 5. bis zur 11. Rd ohne weitere Zunahmen häkeln.
Ab Rd 11 wird Garn in Farbe 4 verwendet.
Von der 12. Rd bis zur 14. Rd an 6 gleichmäßig verteilten Stellen je eine Masche überspringen.

Beginnen Sie, den Kopf mit Füllwatte zu füllen.
In der 15. Rd bleiben 6 fM übrig, diese mit einem Faden zusammenziehen.

Der Hut:
1. Rd: Häkeln Sie 6 fM mit Garn in Farbe 2 in einen Fadenring.
2. Rd: Häkeln Sie je 2 fM in jede Masche der VorRd.
3.bis 5. Rd: Es wird in Rd weiter gehäkelt, dabei an 6 gleichmäßig verteilten Stellen je 2 fM in eine Einstichstelle arbeiten.
6. Rd: fM häkeln, dabei von vorn in das Maschenglied der fM der VorRd einstechen.
7.bis 12. Rd: fM häkeln.
13. Rd: fM arbeiten, dabei in jede zweite M je 2 fM häkeln.
14. bis 15. Rd: f M häkeln, Arbeit mit einer KM abschließen.

Die Haare:
24 Fäden mit einer Länge von jeweils 12 cm werden aus Garn in Farbe 4 zugeschnitten und in die Oberseite des Kopfes geknüpft. Die Haare werden gleichmäßig um den Kopf verteilt und der Hut wird an den Kopf genäht.
(siehe Kapitel "Die Frisuren" zu Beginn des Buches)

Die Hände:
1. Rd: Häkeln Sie 5 fM mit Garn in Farbe 1 in einen Fadenring.
2. Rd: Je 2 fM werden in jede fM der VorRd gehäkelt. Sie erhalten 10 fM.
3. bis 5. Rd: Ohne weitere Zunahmen häkeln.
6. Rd: fM arbeiten, jede zweite M überspringen. Arbeit mit KM beenden.
Häkeln Sie eine weitere Hand nach gleichem Muster. Füllen Sie die Hände mit wenig Füllwatte.

Die Schuhe:
1. Rd: Häkeln Sie 7 fM mit Garn in Farbe 3 in einen Fadenring.
2. Rd: Häkeln Sie je 2 fM in jede Masche der VorRd.
3. bis 5. Rd: Ohne weitere Zunahmen häkeln.
6. Rd. fM häkeln, dabei jede dritte Masche überspringen.
7. Rd: fM häkeln, Arbeit mit einer KM abschließen.
Den zweiten Schuh ebenso arbeiten. Schuhe mit Füllwatte füllen.

Der Körper:

(Beachten Sie beim Häkeln des Körpers die Fotoanleitung auf den S. 15-17)
1. Rd: Häkeln Sie 6 fM mit Garn in Farbe 2 in einen Fadenring.
2. Rd: Häkeln Sie je 2 fM in jede Masche der VorRd.
3.bis 12. Rd: Es wird in Rd weiter gehäkelt, dabei an 6 gleichmäßig verteilten Stellen je 2 fM in eine Einstichstelle arbeiten. In der 12. Rd haben Sie 72 fM.

Das Körper-Oberteil entspricht nun einem Sechseck. Zum Anhäkeln des Unterteils legen Sie Punkt F auf Punkt D sowie Punkt A auf Punkt C.

13. Rd: Häkeln Sie von A bis F fM in die 12. Rd des Oberteils wobei jeweils in den hinteren Teil der fM der VorRd eingestochen wird. Die letzte fM verbindet die Punkte F und D. Weiter fM bis Punkt C häkeln, ebenso in das hintere Maschenglied der VorRd einstechen. C und A durch eine fM verbinden. Es entsteht eine Rd.
14. bis 15. Rd: Zwei weitere Rd fM arbeiten. Jede Rd enthält 22 M.
16. Rd: In dieser Rd wird die Arbeit zur Herausbildung der Hosenbeine in zwei Teile geteilt. Häkeln Sie von F aus 6 fM. Wenden Sie die Arbeit und häkeln Sie auf der anderen Seite von der Mitte bis zum Punkt D weitere 6 fM. Eine Rd aus 12 fM ist entstanden. Häkeln Sie 8 Rd für das erste Hosenbein.
17. Rd: Häkeln Sie nun das zweite Hosenbein. Dazu wird in der Mitte zwischen A und F begonnen. Häkeln Sie 6 fM in Richtung A und weitere 6 fM auf der anderen Seite. Schließen Sie die Rd. Häkeln Sie weitere acht Rd und schließen Sie die Arbeit mit einer KM ab.

Füllen Sie den Körper und die beiden Beine mit Füllwatte.
Legen Sie nun die Punkte B und E jeweils auf die Punkte A/C bzw. F/D und nähen die so entstehenden Ärmel mit verdeckten Stichen zusammen. Füllen Sie auch die Ärmel leicht mit Füllwatte. Die mit Füllwatte gefüllten Hände werden nun an die Ärmel genäht. Verwenden Sie dazu Garn in Farbe der Ärmel. Die mit Füllwatte gefüllten Schuhe werden an die Hosenbeine genäht. Verwenden Sie Garn in Farbe der Hosenbeine.

Der Kragen:

Häkeln Sie 16 LM, eine Wende-LM und je eine fM in jede LM.
Nun wird die Nase aufgestickt und die Augen befestigt. Der Kopf wird an den Körper genäht, der Kragen am Hals befestigt und der Schornsteinfeger ist fertig.

Noch mehr Häkel-Inspirationen finden Sie hier:

- Lustige Häkelfiguren, Elke Selke, 2013, Paperback, 72 S., ISBN 3732254801
- Gehäkelte Gardinen, Elke Selke, 2010, Paperback, 80 S., ISBN 3839137608
- Gehäkelte Gardinen 2, Elke Selke, 2011, Paperback, 80 S., ISBN 3842384939
- Gehäkelte Gardinen 3, Elke Selke, 2013, Paperback, 72 S., ISBN☐ 3732238164
- Gehäkelte Eulen für Groß und Klein, Elke Selke, 2015, e-book, ISBN 9783738624410
- Teddys häkeln für Groß und Klein, Elke Selke, 2015, e-book, ISBN 9783738611977
- Schildkröten häkeln für Groß und Klein, Elke Selke, 2015, e-book, ISBN 9783739224961

Kontakt: Elke Selke, maschenmix@web.de

Fotografie und Gestaltung: Karsten Selke, www.naturfoto-harz.de

©Copyright 2016 Elke Selke
ISBN 9783842357884

Dieses Werk einschließlich aller seiner Teile ist urheberrechtlich geschützt.
Jede Verwertung außerhalb des Urheberrechtsgesetzes ist ohne
Zustimmung der Autorin unzulässig und strafbar. Das gilt insbesondere für
Vervielfältigungen, Übersetzungen, Mikroverfilmungen sowie die
Einspeicherung und Verarbeitung in elektronischen Systemen. Es ist daher
nicht gestattet, Abbildungen dieses Buches zu scannen, in PCs oder auf
CDs zu speichern bzw. zu verändern oder einzeln oder zusammen mit
anderen Bildvorlagen zu manipulieren – es sei denn, mit Genehmigung der
Autorin. Die im Buch veröffentlichten Anleitungen, Muster und Tipps wurden
sorgfältig erarbeitet und geprüft. Eine Garantie kann dennoch nicht
übernommen werden, ebenso ist eine Haftung der Autorin für Personen-,
Sach- und Vermögensschäden ausgeschlossen. Jede gewerbliche Nutzung
der Arbeiten und Entwürfe ist nur mit Genehmigung der Autorin gestattet. Bei
der Anwendung im Unterricht ist auf dieses Buch hinzuweisen.